中外名人故事全知道
ZHONGWAI MINGREN GUSHI QUANZHIDAO

才学世界　主编：崔钟雷

吉林美术出版社 | 全国百佳图书出版单位

图书在版编目（CIP）数据

中外名人故事全知道/崔钟雷主编.—长春：吉林美术出版社，2010.7（2022.9重印）

（才学世界）

ISBN 978-7-5386-4470-8

Ⅰ.①中… Ⅱ.①崔… Ⅲ.①名人-生平事迹-世界-通俗读物 Ⅳ.①K811-49

中国版本图书馆 CIP 数据核字（2010）第 127149 号

中外名人故事全知道
ZHONGWAI MINGREN GUSHI QUANZHIDAO

主　　编	崔钟雷
副 主 编	于晓蕊　刘志远
出 版 人	赵国强
责任编辑	栾　云
开　　本	787mm×1092mm　1/16
字　　数	120 千字
印　　张	9
版　　次	2010 年 7 月第 1 版
印　　次	2022 年 9 月第 4 次印刷

出版发行	吉林美术出版社
地　　址	长春市净月开发区福祉大路5788号
	邮编：130118
网　　址	www.jlmspress.com
印　　刷	北京一鑫印务有限责任公司

ISBN 978-7-5386-4470-8　　　定价：38.00 元

前　言
foreword

对于历史来讲，名人仿佛是一个时代的童话；对于人类来说，名人宛如自己杰出的大脑；对于世界而言，名人便是它继续存在下去的勇气和对未来许下的郑重其事的诺言！人类的历史是一个不断产生名人的众多时代的有机结合，人类历史的每一个时代均会产生那个时代特有的名人。

他们或是驰骋沙场、马革裹尸的将军或士兵；或是指点江山、高瞻远瞩的政治伟人；或是评点时弊、畅想宇宙的思想巨匠；或是鞠躬尽瘁、名传后世的科学巨子……

走近名人、接近名人，令人感慨颇多：他们天赋的秉性令人称羡不已；他们顽强的意志令人啧啧称奇，他们高贵的品质、灵动的个性让人自愧不如。在羡慕中或许我们应该思考：我们怎样才能在走向成功的道路上更接近他们？

睿智多半属于心态问题而并非十足的智力因素。睿智的人拥有豁达的心胸，他能够时刻保持旺盛的学习能力，在知道自己不足的前提下能够吸纳各种有益的东西。在名人的殿堂中我们必定会找到适合自己的榜样，学习他们高贵的品质和性格，汲取他们成功的经验以成就自我。

本书收录了中外历史上著名的名人成才故事。以全新的角度、全新的观点来重新阐释这些历史上叱咤风云的人物。全书图文并茂，图说详细，分类准确，是读者朋友了解名人、学习名人的有益选择。

编　者

目录

民族英雄

岳飞 …………………… 2
文天祥 ………………… 4
戚继光 ………………… 6
郑成功 ………………… 8
林则徐 ………………… 10

精英榜样

蔡伦 …………………… 14
李时珍 ………………… 16
哥伦布 ………………… 18
南丁格尔 ……………… 20
顾拜旦 ………………… 22
弗洛伊德 ……………… 26

科学家

徐光启 ………………… 30
华罗庚 ………………… 33
钱学森 ………………… 36
阿基米德 ……………… 38
哥白尼 ………………… 40
伽利略 ………………… 42
牛顿 …………………… 44
瓦特 …………………… 46

达尔文 ………………… 48
富兰克林 ……………… 50
门捷列夫 ……………… 52
诺贝尔 ………………… 54
爱迪生 ………………… 56
居里夫人 ……………… 58
莱特兄弟 ……………… 60
爱因斯坦 ……………… 62

文学家

屈原 …………………… 66
司马迁 ………………… 68
鲁迅 …………………… 71
莎士比亚 ……………… 74
塞万提斯 ……………… 76

CONTENTS

伏尔泰 …………………… 78
狄更斯 …………………… 80
歌德 ……………………… 82
巴尔扎克 ………………… 84
雨果 ……………………… 86
契诃夫 …………………… 88
托尔斯泰 ………………… 89
马克·吐温 ……………… 91
泰戈尔 …………………… 93
海明威 …………………… 95

艺术家

齐白石 …………………… 98
梅兰芳 …………………… 100
徐悲鸿 …………………… 102
达·芬奇 ………………… 103
米开朗琪罗 ……………… 105
莫扎特 …………………… 107
贝多芬 …………………… 109
罗丹 ……………………… 111
凡·高 …………………… 113

毕加索 …………………… 115
卓别林 …………………… 117

政治军事家

孙武 ……………………… 120
秦始皇 …………………… 122
曹操 ……………………… 124
诸葛亮 …………………… 126
李世民 …………………… 128
林肯 ……………………… 130
拿破仑 …………………… 132
列宁 ……………………… 133
巴顿 ……………………… 135
丘吉尔 …………………… 137
罗斯福 …………………… 138

中外名人故事全知道
HONGWAI MINGREN GUSHI QUANZHIDAO

民族英雄

名人故事
岳 飞

字　号：字鹏举｜生卒年：1103年—1142年
出生地：相州汤阴（今属河南）｜品　质：忠君爱国、能征善战。

> 怒发冲冠，凭栏处，潇潇雨歇。抬望眼，仰天长啸，壮怀激烈。三十功名尘与土，八千里路云和月。莫等闲，白了少年头。空悲切。
> ——《满江红·怒发冲冠》

岳飞是南宋时期一位著名的抗金名将。他精忠报国，抗击当时的外族入侵；创立了纪律严明、能征善战的岳家军，并写了千古绝唱《满江红·怒发冲冠》。岳飞从小就树立了报效祖国的雄心壮志，10岁起就跟名师周侗学武艺、读兵法。

岳飞练功十分刻苦。一天清晨，北风呼啸，大雪飞舞，和岳飞住在一起的师兄弟王贵、张显、汤怀都因怕冷不肯起床练功。岳飞想，功夫就要夏练三伏、冬练三九，若少年不努力，将来怎么去报效国家？于是他马上起来，穿衣提剑，迎着寒风走出屋子。屋外狂风夹着碎雪直往岳飞衣领里钻，可岳飞依然迎风斗雪，挥剑起舞。早在一边仔细观察的师父周侗，心中暗暗高兴，心想：岳飞小小年纪，就知道刻苦练武，将来必定是国家栋梁。于是，他走到岳飞身后，可岳飞正专心致志地练剑，没有发现师父。又过了一会儿，岳飞练完了一套剑法，停下来擦汗，一扭身，才发现师父站在身后。

"师父您早！"岳飞彬彬有礼地向师父鞠了一躬。

"来，孩子，我再教你一套剑法。"

周侗一边说一边从岳飞手中接过剑："这是我祖传的剑法绝招，叫'巧女穿

中国历史上的奸臣——秦桧

针'，你要仔细看，认真学！"

周侗说完，持剑起舞。剑在飞雪中穿梭，让人眼花缭乱，犹如一根银针在上下飞动。岳飞凝神记着师父的套路，师父练完之后，他也就基本全记在脑海里了。周侗按剑停下，把剑交给了岳飞。岳飞手中持剑，凭着刚才的记忆，认真地练了起来。岳飞天性聪慧，加上平时刻苦练功，基本功十分扎实，所以看了一遍便能大致模仿出师父这套"巧女穿针"的招数来。周侗见岳飞悟性很高，心里非常高兴。天大亮了，王贵、张显、汤怀才从被窝里爬起来。出门一看，岳飞满面红光，汗流浃背。三人心中有愧，一个个都红着脸、低着头走到师父面前。周侗厉声教训他们："你们几个应该好好向岳飞学习，要知道少壮不努力，老大徒伤悲！"

当时，宋朝的统治者昏庸腐败，又不重视边防，北方的女真族乘机南侵。他们建立了金国，抢占了中原的大片土地。百姓在战乱中受尽了苦难。岳飞为了收复国土，拯救百姓，毅然从军杀敌。凭着赫赫战功，岳飞很快就身居要职。1139年，南宋宣布宋金议和达成协议，岳飞多次上书反对，都无济于事。金国不久就撕毁了协议，开始大举进攻南宋，宋高宗这才被迫允许岳飞北伐。岳飞热血沸腾，率领岳家军连战连捷。但宋高宗一心想议和，不断催他退兵，接连发了12道撤兵金牌，岳飞只得痛心地班师回朝，叹道："十年之功，废于一旦！社稷江山，难以中兴。"言罢不禁泪流满面。

回到临安后，宋高宗和秦桧就剥夺了岳飞的军权，把他关进大牢，以"莫须有"的罪名将他毒死在风波亭。

3

名人故事
文天祥

字　号：字宋瑞、履善，号文山 ｜ 生卒年：1236年—1283年
出生地：吉州吉水（今属江西）

辛苦遭逢起一经，干戈寥落四周星。山河破碎风飘絮，身世浮沉雨打萍。惶恐滩头说惶恐，零丁洋里叹零丁。人生自古谁无死，留取丹心照汗青。

——《过零丁洋》

文天祥1236年5月2日出生于吉州一个官宦家庭，他所处的南宋末期，朝政极端腐朽黑暗，已经岌岌可危。文天祥从小就喜欢读书，景仰历史上的爱国志士，父亲也经常给他讲历史故事和国政时事，这些在他幼小的心灵里播下了爱国的种子。到南宋末年，文天祥已是朝廷重臣，在危难之中，他虽想力挽狂澜，却无力回天。虽然他没有延续南宋朝廷的气数，但仍是一位宁死不屈、英勇善战的忠贞刚烈之士。

1256年文天祥赴临安（今杭州）应试，考中进士第一名。第二年，年仅21岁的他参加殿试，考取状元。在"御试策"中，他表现

"臣心一片磁针石，不指南方不肯休。"文天祥就如磁针指南，对南宋王朝忠贞不渝

了同情人民疾苦、革除弊政、改革强国的政治抱负。此时正值蒙古人向南宋发起大举进攻，朝廷上下大都不想抵抗，宦官董宋臣更是主张迁都逃跑。文天祥大胆上书，驳斥董宋臣的主张，并提出政治、军事改革方案，最后虽未迁都，但是文天祥的主张也没有被采纳。

1274年，蒙古人开始发动声势浩大的灭亡宋朝的战争，南宋

危在旦夕。1275年，文天祥在赣州变卖家产作为军饷，组织起一支三万多人的军队，入卫临安。由于投降派的阻挠和破坏，入卫军主力一直没得到与元军决战的机会。当时，4岁的赵㬎（即恭帝）在位，临朝的谢太后决心投降。文天祥不但反对无效，还被任命为右丞相兼枢密使，到元营进行谈判。他在元军的大营和元丞相伯颜谈判，大义凛然，毫不畏惧，坚持要求元军退兵。元军当即将文天祥扣留下来，要把他带到北方。船走到镇江的时候，文天祥逃脱了虎口。虽颠沛流离、几经生死，但他始终不忘报国之志。

后来，文天祥不幸战败被俘，投降元朝的张弘范劝说文天祥投降，文天祥写了一首诗《过零丁洋》作为答复。元朝专横跋扈的宰相阿合马来威逼利诱，文天祥也不为所动。

南宋灭亡以后，张弘范又来劝文天祥投降，文天祥将他痛斥一番。到了元朝的大都以后，南宋的前丞相留梦炎和被封为瀛国公的宋恭帝，先后前来劝降，都碰了一鼻子灰回去了。在这之后的三年里，文天祥一直被关在阴暗潮湿的监狱中。在此期间，他读到投降元朝的弟弟和在监狱中的妻子儿女的来信，但都没有被各种利诱迷惑，更没有被百般的折磨吓倒，他那高尚的爱国气节始终不渝。1283年1月8日，元世祖忽必烈召见文天祥，进行最后一次劝降。文天祥回答说："我是大宋的宰相，宋朝灭亡，我只能是死，不能苟活。"第二天，文天祥慷慨就义，时年47岁。

文天祥遗著有《文山先生全集》。其诗歌中有许多动人的作品，如《指南录》《指南后录》《集杜诗》《过零丁洋》《正气歌》等，这些诗记录了他后期种种生活经历，表现了强烈的民族气节。

名人故事
戚继光

字　号：字元敬，号南塘，晚号孟诸 | 生卒年：1528年—1587年
出生地：山东登州 | 品　质：身先士卒。

南北驱驰报主情，江花边月笑平生；
一年三百六十日，多是横戈马上行。

——《马上作》

　　戚继光在很小的时候就在父亲的严格管教下识字读书。戚继光的父亲为使儿子能成为一代将才，从小就教他习武，并常向他讲祖逖"闻鸡起舞"的故事，希望戚继光向祖逖学习，苦练本领，将来报效国家。每天天刚蒙蒙亮，父亲就把戚继光叫醒，教戚继光练剑。为锻炼戚继光的耐力，父亲每天让戚继光跑十几里路。跑完后他常常大汗淋漓，上气不接下气。为锻炼戚继光的臂力，父亲让戚继光练习举石锁。有时练完武，累得走路都困难。

　　在父亲的教诲下，戚继光健康成长。十五六岁时，他在各方面的成绩已相当突出，武艺十分了得。他能在飞驰的马上弯弓搭箭，射中目标；他力气很大，能单手举起石锁耍着玩；刀法也相当熟练。

　　戚继光不仅武艺卓越，而且学业也有很大成就。他不仅熟读四书五经，还阅读了《武经七书》和许多古代名将传记，从中积累了一定的经验，增长了知识，开阔了视野。

民族英雄

在父亲的言传身教下，戚继光从小就具备了良好的品质：有强烈的进取心，能吃苦耐劳，并立志做一个报效国家、血战沙场的将领。

有一次，年幼的戚继光看到几个工匠正在修理家中的门，旧的门被卸下来，换上一种雕花的新门。戚继光走上去，摸着上面精致的雕花，特别喜欢。工匠们逗他，说："小公子啊，那门好不好看？""好看！""那你怎么不让你父亲多安几扇，我们去别人家，一般都安12扇，那多气派！公子家这么有钱，怎么能只安4扇呢？"

戚继光听了，连忙跑去找父亲。父亲正在书房读书，戚继光闯了进去，说："咱们怎么不安12扇门呢？安12扇门多气派！"戚继光的父亲听了，觉得不能把此事当作一件小事，如果孩子从小就爱慕虚荣，长大后可能会贪财图利。他严肃地对戚继光说："孩子，我们是将门世家，应以国家事业为重。国家危难时，咱们必须首先冲上去，不能有丝毫的犹豫。如果从小就爱慕虚荣、讲排场，会消磨斗志。咱们戚家人都是忠臣良将，不能出势利小人。"戚继光听了父亲的教诲，认真地点了点头，把父亲的话牢牢地记在了心里。

在艰苦的磨炼中，戚继光逐渐经历了许多过去从未经历过的事情，也逐渐懂得了许多过去不懂的道理。

明朝嘉靖三十四年（1555年），戚继光任浙江参将，抵御倭寇。他招募义乌的农民、矿工等共四千余人，编成军队。这支队伍训练严格，纪律严明，屡次击退倭寇的进攻，被当地百姓称为"戚家军"。

倭寇不断侵扰浙江沿海一带，戚继光率领戚家军转战各地。倭寇遭到戚家军的毁灭性打击，戚继光也因此成为我国历史上著名的抗倭将领。

戚继光戎马一生，江南塞北，转战千里，直到年近花甲才告老还乡。他为祖国的海疆安宁奋斗终生，是深受人民尊敬和爱戴的抗倭名将。

名人故事
郑成功

字　号：本名森，字大木｜生卒年：1624年—1662年
出生地：福建南安｜品　质：精忠报国、不畏艰险。

开辟荆榛逐荷夷，十年始克复先基。
田横尚有三千客，茹苦间关不忍离。

——《复台》

郑成功是我国历史上著名的民族英雄，是在实际战争中锻炼成长起来的军事家。父亲郑芝龙是往返于中国和日本之间的富商，后归顺清朝。郑成功少年时代，正值明王朝国势混乱，将要土崩瓦解的时期。郑成功的老师是爱国之士，常用英雄志士的诗篇教育郑成功。老师给他讲忠肝义胆、舍生取义、杀身成仁的志士英豪的故事，给郑成功留下了深刻的印象，他立志要做一个不畏艰险、精忠报国的人。

郑成功天资聪慧，涉猎广泛，8岁时就会背诵四书五经，10岁时能写八股文。12岁时，老师以"洒扫应对进退"为题命他作文，他在文章中写道："汤武之征诛，一洒扫也；尧舜之揖让，一进退应对也。"文章意境开阔、新奇，令老师感叹不已，大赞郑成功是"天下奇才"。

郑成功学习非常刻苦，有一次，父亲郑芝龙在宾朋的陪同下，乘大船在五马江上游览。郑成功独坐在一个角落里潜心读书。父亲见郑成功这样刻苦地学习，非常高兴。

不一会儿，船帆升了起来，风将帆鼓得满满的，船像一支离弦的箭一样向前飞驶。郑芝龙想考考自己的宝贝儿子，便对郑成功说："我出个对子，你对对看。"郑成功说：

8

民族英雄

"请父亲出上联。""你看对面那只舢板，尽管渔民拼命摇橹，可还是没我们快，所以我认为'两舟并行，橹速不如帆快'，你对下联吧。"郑芝龙的这个上联语带双关，表面上在说"橹""帆"，实际上"橹速"是隐喻孙权的谋士鲁肃，"帆快"是隐喻刘邦的参将樊哙，其本意是说"文官不如武官"。要找到两个历史人物，又要利用谐音，实在太难了。但郑成功才思敏捷，很快就想出来了，便对道："八音齐奏，笛清难比箫和。"语音刚落，满座叫绝。他的"笛清"暗指宋仁宗驾下大元帅狄青，"箫和"暗指协助刘邦治国平天下的丞相萧何，其意是"武将难比文官"。

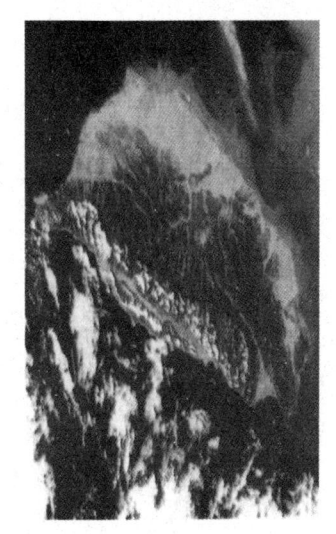

台湾岛卫星俯瞰图

明崇祯十一年（1638年），郑成功15岁，考取南安县学，中秀才。崇祯十七年，郑成功21岁时，又以第一名的成绩考入南京国子监。

郑成功的博大胸怀为他日后创造辉煌业绩打下了基础，使他在各种情况下都能以宽广的视野去观察、去思考。1661年，郑成功率领战船数百艘，将士数万人，从金门挥师东进，经澎湖，于台湾禾寮港及鹿耳门登陆。在台湾人民的支援下，浴血奋战了8个月，赶走了荷兰殖民者，捍卫了国家领土的完整。郑成功为中华民族的统一大业立下了赫赫功勋，赢得了全国人民的赞颂和爱戴，被视为伟大的民族英雄。

郑成功收复台湾后，便开始运用政治力量，组织建设台湾。正当他要大展宏图之际，可恶的病魔缠住了他，但他仍然忍受着病痛，继续稳定和发展台湾。1662年7月，开创伟业的一代英雄与世长辞，年仅38岁。

名人故事
林则徐

字　　号：字少穆｜生卒年：1785年—1850年
出生地：福建侯官县｜品　　质：刻苦努力、正派刚直。

> 天险设虎门，大炮森相向。海口虽通商，
> 当关资上将。唇亡恐齿寒，闽安孰保障？

——《五虎门观海》

1785年，林则徐出生于福建侯官县（今福州）一个下层封建知识分子家庭，父亲林宾日仍以教书为生，但微薄的收入无法维持生活，于是，母亲和姐妹们则靠制作一些手工剪纸来贴补家用。在封建社会的历史条件下，摆在社会下层知识分子面前的出路，无非是两条：要么"学而优则仕"，靠科举制度挤进封建官僚的门槛；要么沦落潦倒，贫穷一生。林则徐的父亲在科举入仕的道路上苦心经营，却屡试不中，耗尽了毕生精力，不得已便将希望全部寄托在儿子身上。

林则徐4岁那年，父亲就开始对他进行启蒙教育，教他口头跟读；7岁时，教他作文；一直到12岁，林则徐一直跟随父亲就读于文笔书院。

父亲对林则徐特别严厉，他每天都要陪林则徐读书，一直到深夜灯油燃尽方可休息。

少年林则徐文才出众，被誉为"神童"。有一次，老师带着学童们游玩鼓山顶峰，出"山""海"二字，叫学童们各作一对七字联句。当其他学童还在冥思苦想时，林则徐第一个吟出："海到无边天作岸，山登绝顶我为峰。"从此，林则徐以"童年擅文名"，在家乡广为流传。林则徐的"擅文"，不仅靠父亲的培养引导，更是凭借自己的刻苦努力

换来的。他学习兴趣广泛，除儒家著作外，还经常阅读哲学、历史、文学，以及水利、经济等方面的书籍。

1796年，11岁的林则徐应郡试第一。第二年参加科试，中秀才，即入鳌峰书院读书。他的应试之作《仁亲以为宝》是一篇华丽的八股文，是现存林则徐最早的文章。当时被人们大为推崇，收入《制义丛话》十七卷中。

由于少年林则徐家庭生活比较清苦，林家每到除夕之夜才能吃上一餐算是佳肴的素炒豆腐，也只有在除夕之夜，挂在壁上的油灯才有两根灯芯。为了读书，林则徐"每典衣以购之"。有一段时间，他还在闽县衙门内兼做知县的书廪（抄写员），将所得聊补读书费用。

林则徐的父母是"视人之急犹己家，虽至贫再三。尚疾病死葬，靡不竭力解推，忘乎其为屡空也"的人。他儿时亲眼看到父亲把米送给一贫如洗的三伯父，自己和母亲却忍饥挨饿，父亲还告诉他说："汝伯父来，不得言未举火。"

父母的言行举止，对林则徐有着潜移默化的影响，使林则徐后来在官场上能够注意了解民间疾苦，他作风正派、刚直，保持着不屑与贪官污吏为伍的傲骨，从而成为一位廉正、清明的好官。

青少年时代的林则徐，对诸葛亮、李白、杜甫、岳飞、文天祥、于谦等人十分敬佩。

早年的读书生涯，是林则徐从幼稚走向成熟的一个重要阶段。父母师长的教诲，书院学风的熏陶，使林则徐从小就喜欢读有关民生疾

苦之书，不断汲取古代文化中的思想精华，树立了救国济世的志向。

19世纪初期，英国殖民者走私了大量鸦片到中国，不但使白银外流，而且人民吸食鸦片上瘾，致使身体素质下降，军队失去战斗力，这引起了严重的社会危机和民族危机。鸦片的输入，给国人带来了深重的危害，所以中国人民对此深恶痛绝，坚决要求禁止。

道光十八年（1838年），林则徐被任命为钦差大臣，他抱着挽救国家民族危亡的决心，到广东查禁鸦片。林则徐与邓廷桢同心协力，下令英国领事依律交出鸦片，共查缴英美等国鸦片两万多箱，共计二百三十多万斤。林则徐下令将这些鸦片在虎门焚烧，前后烧了近四十天才烧光。

1840年，英国政府对我国悍然发动了鸦片战争，林则徐坐镇虎门，准备迎敌，并通知沿海各省加强海防。他号召："如英夷兵船一进内河，许以人人持刀痛杀。"斗志昂扬的广州人民在林则徐的领导下，迅速投入了打击侵略者的战斗中，但由于清王朝的腐败无能，侵略军于1842年闯过长江，直逼南京。清朝统治者苟且偷安，屈膝求和，同英国签订了中国近代史上第一个不平等条约——《南京条约》。

鸦片战争失败了，清王朝毫无道理地归罪于林则徐，将他充军到新疆。三年之后，林则徐被赦，被委任以陕西巡抚、云贵总督等职。1850年，65岁的林则徐在去广西赴任途中，溘然长逝。林则徐是中国近代"开眼看世界的第一人"，他超越时代的眼光令世人叹为观止。人们将永远怀念这位我国近代史上著名的爱国者和民族英雄。

中外名人故事全知道
HONGWAI MINGREN GUSHI QUANZHIDAO

精英榜样

名人故事
蔡伦

字　号：字敬仲｜生卒年：？—121年
出生地：桂阳｜品　质：聪明睿智、爱好广泛、勤于思考。

"它们（四大发明）改变了世界上事物的全部面貌和状态，又从而产生了无数的变化；看来没有一个帝国，没有一个宗教，没有一个显赫人物，对人类事业曾经比这些机械的发现施展过更大的威力和影响。"

——弗兰西斯·培根

蔡伦出生于农家，从小家境贫寒，为了生计，他于东汉明帝永平十八年（公元75年）入宫做了太监。进宫后，蔡伦做了小黄门，每天侍候皇家贵族，小心谨慎，不敢怠慢；有时还要忍受大太监的责骂，精神上备受煎熬。到了东汉和帝年间，蔡伦升任中常侍，开始参与国家大事的讨论。东汉章和元年（公元87年）又加官尚方令，掌管宫廷手工作坊，监督御用品的制造。公元89年，蔡伦开始负责监管刀剑武器和其他器械的制造工作，他监督制造的器械，全都精工坚密，世人争相仿效。

蔡伦年轻时就对造纸感兴趣，曾经用破旧的废物，如破渔网、麻头、旧布等糅合在一起，做过多次加工试验，但都不是很成功。

他认真总结西汉以来用麻质纤维造纸的经验，经过长期实践，对造纸原料和造纸工艺进行了改进。他把树皮、麻头、破布和旧渔网等作为造纸的原料，不仅扩大了原料的来源，还降低了造纸的成本。在传统流程的基础上，增加了用石灰进行碱液蒸煮的工序，使植物纤维分解速度加快而且分布得更加均匀、细致，经过切断、捣碎、沤煮、化浆、定型、风干等一整套工艺流程，纸张的质量得到大大提高，书写起来极为方便。

公元105年，蔡伦将他监造的优质纸张进献给汉和帝，汉和帝大加赞赏，于是造纸的方法传遍四方，全国各地都开始采用这种方法造纸,民间便把这种纸称为"蔡侯纸"。因造纸有功,蔡伦被封为龙亭侯。从此,植物纤维造纸开始代替竹简、丝帛,成为广泛使用的书写材料,蔡伦也因此被后世奉为造纸业祖师。

从此以后,造纸业开始成为一个独立的手工行业,在全国各地发展起来。纸的推广使用,为保存文献、记载历史、交流思想和积累、传播文化及促进科学技术的发展做出了巨大的贡献。后来,蔡伦的造纸术陆续传到朝鲜、越南、日本、阿拉伯以及非洲和欧洲,到19世纪又传到澳洲,逐渐被世界人民普遍使用。

蔡伦在造纸方面的巨大贡献使他不仅被中国的造纸工人奉为造纸鼻祖,还被日本等国的造纸工人尊为祖师,受到历代供奉。我国大部分的产纸地区,都有为祭祀蔡伦而建造的庙宇。每年的农历三月十六日是祭祀蔡伦的纪念日。

蔡伦发明的纸和造纸术,具有划时代的伟大意义,为人类文明与进步做出了巨大的贡献。造纸术的发明充分显示了中华民族古老悠久的历史和灿烂辉煌的古代科技成就,是中华民族的骄傲。

美国学者迈克尔·哈特在其著作《历史上最有影响的100人》中高度评价了蔡伦的造纸术。他认为在两个世纪以前,西方的文化超过了中国文化,但由于造纸术的发明,使中国文化的传播加快了。可以说,如果没有蔡伦的造纸术,就没有我们文化的积累和传播,也就没有今天高度发展的人类文明。

名人故事
李时珍

字　号：字东璧，号濒湖 | 生卒年：1518年—1593年
出生地：蕲州 | 品　质：热爱自然、热爱医药。

"予窥其人，晬然貌也，癯然身也，津津然谈议也，真北斗以南一人。"
——王世贞

李时珍于1518年出生在蕲州，是我国明朝杰出的药物学家，也是当时世界上最伟大的医学家之一。

李时珍自幼跟父亲上山采药，帮着加工药材，受到潜移默化的影响，使他从小就热爱自然，热爱医药学，喜欢阅读如《尔雅》《菊谱》等书，以及有附图的本草书。

李时珍长大后成为一名医生，在医疗实践中，对历代医药书籍，如《神农本草经》《本草经集注》《唐本草》《开宝本草》等进行了广泛的阅读研究。他发现旧"本草"非但不完善，甚至还有很多错误，便立志要把旧的药书加以整理补充，写出一部分类更加详细的药物学著作。为了实现理想，李时珍阅读了历代药书约三百多部，还研究了古医书引用过的医药书约591部。只要和"本草"有关的，都进行研究，光是摘录下来的笔记，就装满了好几柜。

1551年，李时珍开始编写《本草纲目》。他给自己的著作确定了名目和体例，便开始进行工作。

1556年，李时珍奉诏入京，经举荐进入太医院。这里丰富的藏书、来自海内外的各种药物，使他获益匪浅。

李时珍纪念币

编纂一本规模宏大的药物学著作,光有丰富的理论知识是远远不够的,最使他感到茫然的是许多药物的形状和生长情况在古人的书籍里往往模糊不清,有的甚至互相矛盾。经过一番冥思苦想,李时珍终于认识到,要解决这些问题,唯一的途径是深入民间,采制标本,进行实物考察。

约1565年以后,李时珍的足迹踏遍了蕲州一带的山山水水。他穿上草鞋,背起药筐,拿上药锄,带着必要的书籍和纸笔出发了。凡须调查研究的药物,他事先写在纸上。先寻找当地产的,再解决难以找到的,遇有不认识的草药,他就向当地的居民请

后人为纪念李时珍所塑造的塑像

教。为了采制有价值的标本,彻底弄清楚古人所述的各类药物,订误辨疑,李时珍登山梁,下河谷,踏原野,涉水乡,足迹遍布湖广、江西、江苏、安徽等许多省份。

经过大半生的艰苦耕耘,1578年,在李时珍60岁时,《本草纲目》经过三次大的修改,终于编写成功。《本草纲目》共52卷,一百九十余万字。全书把药物分作16部60类,记载药物1 892种。此外,载入药方一万一千余个,并附有动植物图一千一百余幅。这部书规模宏大,内容丰富,涉及范围广博,是古代任何一部"本草"书所望尘莫及的。

《本草纲目》刊行后,立即风靡全国,人们争相传阅。随着中外文化的交流,《本草纲目》深受世界各国的重视。西方人称之为"东方医学巨著"。

1593年初秋,李时珍逝世,而他的著作《本草纲目》至今还是医生们经常参考的医药书之一。英国进化论的创始人达尔文把这部书称为:"1596年的百科全书。"李时珍为中国及世界文明所做的贡献,同《本草纲目》一起永载人类史册。

名人故事
哥伦布

姓　名：克里斯托弗·哥伦布｜生卒年：约1451年—1506年
出生地：意大利热那亚｜品　质：意志坚强。

"我自年轻的时候出海以来，至今还不曾离开海上的生活。这种职业，似乎使所有干这一行的人，都产生了一种想知道世界奥秘的心情。"

——哥伦布

哥伦布约于1451年8月出生于意大利热那亚市的一个织匠家庭。虽然家里很穷，父亲仍勉强供哥伦布到学校念书，但后来终因家境贫寒而被迫辍学，此后，他便自修地理、海洋、天文方面的知识。

哥伦布自幼酷爱航海冒险，15岁时就跟随货船在地中海上航行。有一天，哥伦布在父亲的书柜里无意中看到了《马可·波罗游记》一书，从此对它爱不释手。《马可·波罗游记》中对富庶东方的描述，令他神往。年轻的时候，哥伦布接受了当时比较流行的地圆学说，他坚持认为地球是圆的。另一方面哥伦布认为，从欧洲向西航行可以直达传说中遍地是黄金、白银与香料的中国和印度。于是，为了印证自己的想法，哥伦布制订了航海计划。中世纪的欧洲，尚不具备完备的航海知识和物质条件，因此，哥伦布的冒险计划遭到了葡萄牙国王的拒绝。于是他来到了西班牙，西班牙女王伊莎贝拉最终支持了他的计划。

1492年8月3日，

西印度群岛风光

哥伦布率领由三艘船组成的船队从西班牙的巴罗斯港出发,开始了人类历史上首次横渡大西洋的壮举。进入大西洋陌生的海域后,船队一直向西航行,10月抵达现在美洲的巴哈马群岛。哥伦布以为自己到达了印度,并将北美洲东南部的岛屿称为西印度群岛,把当地的居民叫作印第安人,即印度人。12月25日圣诞节那天,旗舰"圣玛丽亚"号在海地岛北岸触礁沉没,除39人自愿留在岛上建立纳维达德据点外,哥伦布率领其他人分乘两只小船回国。

1493年3月15日,哥伦布在经过二百多天的远航探险后,回到了巴罗斯港,这一消息轰动了西班牙乃至整个欧洲。庆祝哥伦布凯旋的游行队伍威风凛凛,10名赤体文身的印第安人走在最前列,哥伦布本人则骑马殿后,游行中还展示了从美洲带回来的金银珠宝、珍禽异兽。1493年5月29日,西班牙国王颁布命令,授予哥伦布贵族头衔。

此后,哥伦布又分别于1493年、1498年、1502年进行了三次远航,其中以第二次远航规模最大,但这三次航行都只是不断地扩大了对美洲大陆的探索范围,而始终没能找到印度和中国。在完成第四次航行回到西班牙之后不久,哥伦布就身染重病,卧床不起,于1506年5月20日病逝于巴利亚多利德。

哥伦布的远航是大航海时代的开端。而新航路的开辟,更是改变了世界历史的进程,它将海外贸易路线成功地转移到大西洋沿岸。从那以后,西方国家走出了中世纪的黑暗,一种全新的文明成为世界经济发展的主流。而哥伦布的名字将永远刻在后人心目中。

名人故事
南丁格尔

姓　名：弗罗伦斯·南丁格尔｜生卒年：1820年—1910年
出生地：意大利佛罗伦萨｜品　质：助人为乐。

　　人生欲求安全，当有五要：一是清洁空气，二是澄清饮水，三是流通沟渠，四是洒扫屋子，五是日光充足。

——南丁格尔

　　1820年5月12日，南丁格尔出生于意大利佛罗伦萨一个旅居意大利的英国商人家里。她从小就聪明伶俐、才华横溢，人见人爱，长大后把毕生的精力全部贡献给了护理事业，成为世人所仰慕的白衣天使的化身。

　　南丁格尔从小家庭条件优越，而且接受了良好的教育。她的父母为人慈善，常常帮助穷人。在他们的熏陶下，南丁格尔从小就产生了要为穷人、病人服务的想法。后来，渐渐长大的南丁格尔开始思索一些社会问题。有一次，在与姐姐谈心时，南丁格尔说出了自己的心里话："我觉得我们现在这样的生活，不是我想要的，我想为众人做一些有意义的事情。"

　　终于，南丁格尔对父母吐露了自己的愿望："从小我就梦想将来成为护士，陪伴在病人的旁边，照顾他们并减轻他们的痛苦，只有这样的生活才能使我感到幸福与快乐。"

父母听到南丁格尔的话，顿时惊呆了。因为在当时所处的时代里，女孩子外出工作就会被人看不起，无论你的理由多么神圣、多么崇高，凡是到社会上工作的女性都不被人尊敬，而在当时所有的行业里，护士被视为最卑贱、最污秽的工作。父母的反对虽然让她感到心情沉重，却并没有动摇她当护士的决心。

1851年8月，南丁格尔到"知识妇女疗养所"任监督职位。虽然，她只在凯撒畏斯受过3个月的实际训练，但是，她曾经参观过许多医院，也读过不少医疗卫生方面的书籍，对于医院的改革很有心得。她提出了许多革命性的建议，如为病人装设紧急呼唤铃，用升降机运送病人的饮食等。

1853年，克里米亚战争爆发了。舆论呼吁英国的妇女挺身而出，发扬英国人自我牺牲的精神，到战地医院为受伤的士兵们服务。南丁格尔的心被震动了，自愿要求奔赴前线去照料伤员，陆军部队还同意让她负责护理工作。她以满腔的热情，果断地取消了使局面混乱不堪的办事制度和程序，大胆地进行了各种改革。她每天工作近20个小时，用了短短的10天时间，使医院的状况焕然一新，伤员的死亡率也由原来的42%下降到2%。

1856年，克里米亚战争结束。英国政府把她当作英雄，准备了隆重的欢迎仪式，迎接克里米亚的天使、军人的大恩人——弗罗伦斯·南丁格尔。可是南丁格尔却对这份荣誉表现得很平静，她不想兴师动众，便巧妙而委婉地回绝了大家的欢迎仪式，自己改了个名字，悄悄地回家了。

1860年，她用公众捐赠的南丁格尔基金在伦敦泰晤士河边的圣托马斯医院创办了"南丁格尔护士学校"，这是世界上第一所正式的护士学校。从此，由南丁格尔开创的战地护理事业和护理学校开始在全世界推广。正是由于南丁格尔的功绩和影响，1863年红十字会在日内瓦成立。人们在每年的5月12日都会举行纪念活动来怀念这位伟大的白衣天使。

名人故事
顾拜旦

姓　名：顾拜旦｜生卒年：1863年—1937年
出生地：法国｜品　质：喜欢运动、热心体育、热心教育。

对人生而言，重要的绝不是凯旋，而是战斗。

——顾拜旦

顾拜旦于1863年4月6日出生在法国巴黎一个古老的贵族家庭。他从小聪明好学，成绩优异，中学时对古希腊的历史产生了浓厚的兴趣，从此开始钻研历史。

他从书上了解到古代奥林匹克的历史，知道它始于公元前776年，延续了1170年，直到公元394年才被罗马皇帝禁止。这些历史引起了顾拜旦极大的兴趣。由于1870年普法战争中法国战败，顾拜旦深为祖国的失利而伤心，他深切地希望祖国强大起来。他渡海前往英国学习教育学，并对英国教育家阿诺德在拉格比学校实施的"竞技运动自治"做过研究。留学期间，他发现英国的教育和体育制度有许多先进之处，他对英国学校的体育课、课外体育活动和郊游也十分赞

赏。他希望法国也可以在开展体育运动的过程中，培养青少年的刻苦精神、集体责任感和强健的体魄。在古希腊文化的熏陶和当时先进的英国教育的影响下，他逐渐萌发了改革法国教育制度和倡导体育的思想。

顾拜旦回国后，选择了从事教育工作和体育工作的道路，陆续发表了《教育制度的改革》《运动的指导原理》《英国与希腊回忆记》《英国教育学》等一系列著作，并提出了许多改革教育、发展体育的建议，产生了一定的国际影响。1888年，顾拜旦就任法国学校教育、体育训练筹备委员会秘书长。次年，顾拜旦代表法国参加了在美国波士顿举行的国际体育训练大会，进一步了解了世界体育发展的动态。他认为，近代体育的发展正在走向国际化，应该借助古希腊体育的经验和传统影响，来推进国际体育的发展，于是，他产生了复兴奥林匹克运动会的想法。

1891年，顾拜旦创办了《体育评论》杂志，并以此为阵地，热情地宣传他的主张，这对创办奥运会起到了积极的推动作用。

1892年，顾拜旦遍访欧洲，宣传奥林匹克理想。同年11月25日在庆祝法国"体育运动协会联合会"成立三周年大会上，他发表了著名的演说，第一次公开和正式地提出了创办现代奥林匹克运动会的倡议。在演说中，顾拜旦阐明：现代奥林匹克运动会应该像古代奥林匹克运动会那样，向所有国家、所有地区和所有民族开放，并在世界各地轮流举办。顾拜旦的倡议，使现代奥运会从一开始就冲破了民族和国家的界限，具有了突出的国际性。

1893年，他还将自己的倡议写成公开信，寄给许多国家和体育俱乐部，得到了广泛的支持。

1894年初，为了共商复兴奥运会大计，顾拜旦建议于同年6月举行一次国际体育会议，并致函各国体育组织选派代表参加。顾拜旦和他的支持

奥运会圣火采集仪式

者们还通过各国驻巴黎使馆，同国际社会上的政治家和社会活动家广泛联系。他们的努力终于收到了成效，在国际上各种因素的帮助和顾拜旦的不懈努力下，创办现代奥林匹克运动会的各种工作准备就绪了。

1894年6月16日至24日，国际体育运动代表大会在巴黎索邦神学院举行，到会的正式代表共计79人，他们是来自美国、英国、俄罗斯、瑞士、西班牙、意大利、比利时、荷兰和希腊等12个国家和49个体育组织的代表。会议期间，又先后有二十几个国家致函，向大会表示了支持和祝贺。顾拜旦的精心设计和主持，唤起了与会者对古代奥运会的神往，与会代表一致同意顾拜旦的主张，决定复兴奥林匹克运动会，并通过了《复兴奥运会》的决议。6月23日，大会通过了成立国际奥委会的决议，顾拜旦从79名正式代表中挑选出15人任第一届国际奥林匹克委员会委员，大会还决定由奥运会举办国的国际奥委会委员担任国际奥委会主席。由于首届现代奥运会将于1896年在希腊首都雅典举行，因此，希腊委员维凯拉斯当选国际奥委会第一任主席，顾拜旦担任秘书长。

1896年4月6日至15日，第一届现代奥运会如期举行。虽然组织尚不正规，但它却是现代奥林匹克运动正式诞生的重要标志。至此，现代奥林匹克运动终于登上了历史舞台，它为人类文明掀开了崭新的一页。

1896年首届奥运会结束后，顾拜旦接任国际奥委会主席。他担任这个职务一直到1925年，是迄今为止任期最长的奥委会主席。当

精英榜样

1900年在巴黎举行的第二届奥运会结束后,有人挖苦说,奥运会只不过教会了参赛者如何接过奖品。

初期的挫折,促使顾拜旦对奥林匹克运动进行深入的思考,他的"奥运思想"在这一阶段渐趋成熟。他起草了《奥林匹克宪章》,并以历史学家的深邃眼光和文学家的优美笔调,阐述了奥林匹克运动的哲学基础、教育功能和美学意义。从一开始他就规定了国际奥委会的独立性和中立性,奥委会不受任何政治势力的左右,不接受任何组织津贴。他奠定的理论基础,使得奥林匹克运动经受住了百年风雨的考验,发展成为一个持久的以竞技体育为手段的社会文化与和平运动。

奥运会的名言"重要的不是取胜,而是参与"是在第四届英国伦敦举行的奥运会上提出的。

而"更快、更高、更强"这一经典的奥运会格言,是法国阿奎埃尔修道院院长迪东的话,它的意义已经远远超出体育的范围,成为体现人类进取精神、激励人类蓬勃向上的名言。

顾拜旦的奥林匹克运动的哲学思想,后来均被写进《奥林匹克回忆录》这一巨著中,他为后人留下了一份丰厚的思想遗产。在奥林匹克运动日益壮大的今天,我们仍然可以感到他言论的经典性,感到这位"现代奥林匹克之父"思想的光芒。

1937年9月2日,顾拜旦因心脏病突发而离开了人世。他的遗体安葬在洛桑市郊的"小牛树林公墓"里。根据他的遗愿,他的心脏于1938年被安葬在奥林匹克运动的发祥地——奥林匹亚山下,他希望时刻感受奥林匹克运动发展的脉搏。此后,历届奥运会在希腊点燃圣火之后,持火炬者都首先围绕埋有顾拜旦心脏的墓碑跑一圈,以表示对这位伟大的奥林匹克先驱的无限崇敬。他的名字将永远载入奥林匹克的史册。

名人故事
弗洛伊德

姓　　名：西格蒙德·弗洛伊德｜生卒年：1856年—1939年
出生地：奥地利｜品　质：善于思考、博学多才

> 人生就像弈棋，一步失误，全盘皆输，这是令人悲哀之事；而且人生还不如弈棋，不可能再来一局，也不能悔棋。
>
> ——弗洛伊德

弗洛伊德于1856年5月6日出生在奥地利弗赖贝格市的一个犹太毛织品商人家庭。由于受到反犹太者的迫害，4岁时，举家迁往奥地利首都维也纳。在父亲的影响下，他酷爱读书并在那里读了小学和中学，他还自修希伯来文，精通了几种语言并以优异的成绩毕业。1873年，弗洛伊德进入维也纳大学医学院学习，从1876年起在著名的生理学家艾内斯特·布吕克的指导下从事研究工作，并在1881年获得医学博士学位。1885年，他前往巴黎，受教于当时非常著名的神经学家沙可。弗洛伊德读到了沙可有关"歇斯底里症"症状的论著，并了解到沙可提出的催眠疗法。1886年，弗洛伊德和马莎·伯莱斯结婚，并生育了6个孩子。

弗洛伊德在求学时就看到过布罗伊尔医生用催眠法治疗癔症，这使他感觉到了身心关系的微妙变化。后来，弗洛伊德也开始尝试使用催眠疗法治疗神经病，但他逐渐发现催眠的疗

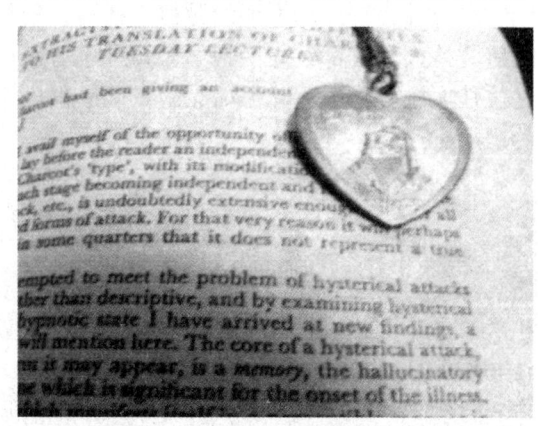

弗洛伊德作品书稿

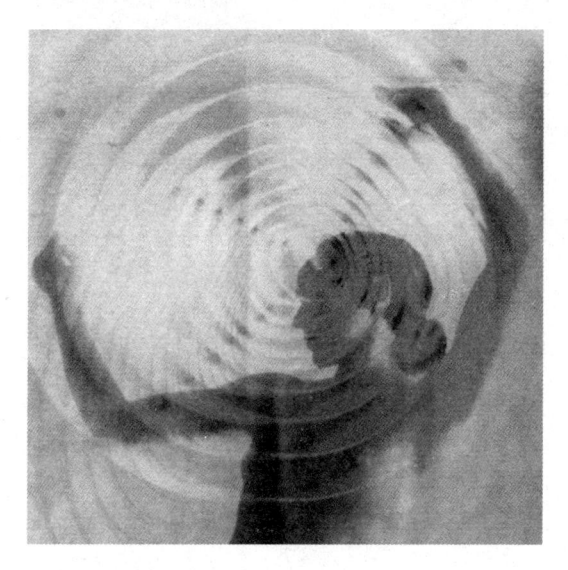

弗洛伊德认为人的心理活动有着严格的因果关系，他认为梦绝对不是偶然的联想，而是愿望的另一种达成方式

效并不能持久，于是就改用了"自由联想法"，该理论和以后的"自我分析法"成为弗洛伊德一生的两大杰出成就。1900年，弗洛伊德的杰作《梦的解析》出版，他声称自己发现了三大真理：梦是无意识欲望和儿时欲望的伪装的满足；俄狄浦斯情结（仇父恋母的情绪）是人类普遍的心理情结；儿童具有性爱意识和动机。这些发现为精神分析学奠定了基础。但在当时，《梦的解析》并没有得到重视。直到1905年，他发表了《性学三论》，探讨儿童性心理的发展与精神变态机制的联系，他的学说才真正引起了世人的重视。但因为他的学说的反传统性，弗洛伊德的一些理论也受到了众人的攻击，他也因此一度成了德国科学界最不受欢迎的人。

虽然遭受挫折，但弗洛伊德不为所动，在不到20年的时间里，又写下了约八十篇论文和9本著作，继续阐述、研究和宣传他的精神分析理论。他的理论不仅是心理学中一种必备的知识，在人文、艺术创作、日常知识等方面，也具有重要的启迪作用。1931年，弗洛伊德的故乡为庆祝他75岁寿辰，以他的名字来命名他出生的那条街道。1936年，他成为英国皇家学会的通讯会员。弗洛伊德毕生以极大的热情创立和发展了精神分析学说，并培养了一批学术继承者，如后来具有世界性影响的荣格、阿德勒等，使精神分析学说成为世界上有广泛影响的理论。

1938年，纳粹德国占领维也纳后，弗洛伊德移居英国。1939年9月23日，他因口腔癌复发在伦敦逝世，享年83岁。

中外名人故事全知道
ZHONGWAI MINGREN GUSHI QUANZHIDAO

科学家

名人故事
徐光启

字　号：字子先 | 生卒年：1562年—1633年
出生地：松江府上海县（今上海市）| 品　质：善于钻研。

《几何原本》故举世无一人不当学……窃意百年之后，必人人习之。
——徐光启

徐光启于1562年4月24日出生在松江府一个贫农家庭，自幼聪敏好学，热爱农业劳动，胸怀大志。徐光启7岁到龙华寺的村学读书，由于刻苦勤奋，成绩总是名列前茅。同学向他请教学习窍门，他回答说："没有什么窍门，只不过多下功夫就是了。"相传，徐光启在村学读书时，有一天，老师不在，几个同学谈论起自己的远大志向。有人说要做有钱人，有人说要出家做道士，而徐光启却说："这些都不值得去做！做人就要立身行道，治国治民，崇正避邪，才不枉活一辈子。"足以见其与常人不同。

徐光启20岁时考取秀才。明万历三十二年（1604年）徐光启高中进士，崇祯五年（1632年）升任礼部尚书兼东阁大学士，崇祯六年兼任文渊阁大学士。

徐光启是中国明代伟大的科学家，他在天文学、数学、农业科学、机械制造等方面都取得了很高的成就。他把欧洲的自然科学介绍到中国，引进了西方先进的数学、历法、水利、测量等科学技术，推动了中西方文化的交流与融合，堪称中西文化交流的桥梁，中国古代科学的先驱。

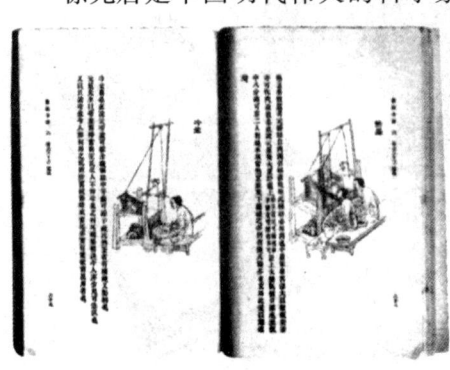

徐光启还是一位杰出的农

科学家

学家,他结合自己的实际经验,对古今中外农业生产和农学研究的得失利弊,进行了全面总结,在所著《甘薯疏》《北耕录》《农遗杂疏》等农书的基础上,撰写了农学巨著《农政全书》,共60卷,12个类目,内容丰富,是代表了中国古代农业科学发展最高水平的百科全书。

徐光启还曾在北京向意大利传教士利玛窦学习天文、数学、水利等科学知识。之后,两人合作翻译欧几里得的名著《几何原本》。

《几何原本》的引入打破了传统数学体系,开创了全新

徐光启结识利玛窦,使东西方文化得到了更广泛的交流

的数学证明方法。《几何原本》后来成为清末全国中学的教材,对普及几何学知识,培养数学人才以及充实当时数学研究的内容产生了巨大的影响。另外,他还撰写了《读书算》《九章算法》《定法平方算术》等。徐光启振兴和发展了中国的传统数学,他所取得的数学成就为我国近代数学体系的建立打下了基础。

在天文学方面,徐光启也取得了一定的成就,他曾撰写《平浑图说》《日晷图说》《简平仪说》等书。徐光启不仅对西方天文仪器的构造、原理有充分的认识,而且对西方的测天方法和理论也有深入的研究。

1629年,徐光启运用西方的方法,推测出日食发生的准确时间。于是,崇祯皇帝让他负责修改历法。徐光启把翻译、介绍西方的天文学著作当作修改历法的第一个必须步骤,他自己积极参与编译的著作有《测天约说》《测量全义》等许多种。他还上书皇帝,建议制作地球仪、天球仪、日晷、望远镜、自鸣钟等10种仪器用于天文观测,为清朝初年铸造大型的天文仪器积累了宝贵的经验。徐光启还精心设计了历书的结构,成为《崇祯历书》编写工作的纲领。为了使新历法

更加科学准确,徐光启多次组织人员进行天文观测,获取了大量准确的第一手科学资料。他根据实际观测结果,绘制了一幅星图,这是当时最完备、最精确的星图,也是中国目前所知最早的包括了南极天区的全天星图。

在徐光启修订《崇祯历书》期间,努尔哈赤的后金军队入关威胁京师,他投笔从戎,停下修订历法的工作,开始从事火器制造和保卫京师的工作。

1633年,徐光启病逝。1639年,《崇祯历书》全部修订完毕。这部历书虽然不是由徐光启最后完成的,但他对新历的贡献却是无人能及。《崇祯历书》不仅是对传统天文学的总结,而且吸收了大量西方天文学的先进成果,是中外学者共同努力的结晶。它的问世使中国天文学发生了深刻的变革,并从此走上了与世界天文学并轨的道路。

徐光启这位伟大的科学家为了"裨益民用""欲求超述","习天文、兵法、农事、屯、盐、水利诸策,旁及工艺、数学,务可施用于世者",在天文、历算、农学、编译介绍近代西方科学等方面贡献突出,他的名字在中国科学史上将永放光芒。

徐光启塑像

科学家

名人故事
华罗庚

姓　名：华罗庚｜生卒年：1910年—1985年
出生地：江苏金坛｜品　质：天资聪慧、刻苦好学、坚强乐观。

下棋要找高手，弄斧必到班门。

——华罗庚

1910年11月12日，华罗庚出生于江苏金坛县一个小商人家庭。华罗庚自幼听话孝顺，学习认真，他天资聪慧，最喜欢数学。因家境贫困，他中学毕业后就回家当店员，他后来所取得的一切成就都是靠自学得来的。

1928年，金坛县发生瘟疫，华罗庚染上了可怕的伤寒病，持续高烧使他昏迷不醒。由于缺乏医学常识，华罗庚在卧床期间没有经常翻身，导致他的左腿关节变形，留下了残疾。所以后来华罗庚走路是左腿先画一个大圆圈，右腿再跨一小步，十分吃力。面对这一不幸，华罗庚却十分乐观，还幽默地称自己这种奇特而费力的步履为"圆周与切线的运动"。他顽强地与命运抗争，激励自己道："我要用健全的头脑，代替不健全的双腿！"

印有华罗庚头像的数学奖章

19岁那年，华罗庚凭着自学的数学功底看出了一位大学教授的论文有错误，写出了著名的论文《苏家驹之代数的五次方程式解法不能成立之理由》。这篇论文很快刊登在上海出版的《科学》杂志第十五卷第二期上。清华大学数学系主任熊庆来教授看到这篇论文后如

33

获至宝,立即四处询问作者的身世经历,写信邀他来清华大学数学系深造。1932年秋天,华罗庚在熊庆来教授的关照下当上了数学系的助教员。此后,华罗庚如鱼得水,在数学的王国里自由地驰骋。在清华大学的四年中,他一面工作,一面学习、旁听,仅用了一年半的时间,就攻下了数学系的全部课程,还自学了英、德、法文。1936年,他被保送到英国剑桥大学进修,先后在美、日等国数学杂志上发表了十几篇有关数论方面的论文,引起国际数学界的高度关注。

1938年,华罗庚回国。此时正值抗日战争时期,华罗庚去西南联合大学任教授,住在昆明郊区的一个村庄里。这位国内外负有盛名的学者,一家七口挤在两间牛棚似的小阁楼里,晚上在昏暗的菜油灯下进行研究工作;白天则拖着病腿外出上课,用微薄的薪水供养全家。

就是在这样艰苦的条件下,华罗庚刻苦钻研,艰难地写出了名著《堆垒素数论》。1944年,《堆垒素数论》英文版由苏联国家科学院出版,成为20世纪经典数论著作之一。

1946年,华罗庚赴美国担任普林斯顿数学研究所研究员、普林斯顿大学和伊利诺伊大学教授。在美期间,他的待遇很高,年薪达20 000美元,有小洋楼和汽车。但他常说:"梁园虽好,非久居之乡!"一听到新中国成立的消息,他毅然回到了祖国的怀抱。

1950年,华罗庚执教于清华大学数学系。1951年,他被任命为中国科学院数学研究所所长。回到祖国后这段时间,是华罗庚进行数学研究的真正黄金时期。他白天拄着拐杖到学校讲课,晚上在灯下常常研究到深夜。为了求证一个问题,他时常深夜从床上爬起,拿起床头的报纸,在四周空白处进行演算、论证。桌上、床上、地上,到处堆满了演算纸。

1956年,华罗庚的重要论文《典型域上的调和分析》荣获中科院第一批科学奖金一等奖。随后,他的《数论导引》问世。这部倾注了他多年心血的巨著，引起国内外数学界的强烈震动。另外，他和万哲先合著的《典型群》一书，在国内外引起了更大的反响。

在经济困难时期，华罗庚思考着如何以数学知识为国民经济作贡献。于是，他筛选出以改进工艺问题的数学方法为内容的"优选法"和以处理生产组织管理问题为内容的"统筹法"。1964年，华罗庚给毛泽东写信，建议在生产实践中推广两法，以便提高管理水平和效率。毛泽东回信称赞他的想法为"壮志凌云，可喜可贺"。受此巨大鼓舞，华罗庚开始将他的主要精力放在数学方法和工业的普及应用上。在近20年的时间里，他的足迹遍布中国二十多个省、市、自治区，深入工厂、矿山，用深入浅出的语言向工人和农民介绍优选法和统筹法，行程十万多千米。他用数学直接为国家创造了巨大的财富。华罗庚是中国最早把数学理论研究和生产实践紧密结合，并有巨大贡献的科学家。

1984年，华罗庚以全票当选为美国科学院外籍院士。

1985年，华罗庚在日本东京作学术报告时，因心脏病突发，不幸去世，享年75岁。

名人故事
钱学森

姓　名：钱学森｜生卒年：1911年—2009年
出生地：上海｜品　质：天资聪慧、刻苦钻研、坚持不懈、热爱祖国。

不要失去信心，只要坚持不懈，就终会有成果的。

——钱学森

钱学森于1911年12月11日出生在上海一个知识分子家庭。3岁时随家人迁居北京，自幼天资聪慧，后来进入北京师大附中学习。少年钱学森喜欢自然科学、音乐、绘画，学习成绩优异，于1931年考入了上海交通大学。

1934年，钱学森进入加州理工学院学习，师从世界力学大师冯·卡门。4年后他获得了航空、数学博士学位并留校任教，从事应用力学和火箭导弹研究。1946年他首先将稀薄气体的化学、物理和力学特性结合起来进行研究。到1949年，钱学森已成为世界公认的物理学界权威之一。

新中国成立之际，在美国的钱学森希望回到祖国贡献自己的一切力量。当时美国国内正掀起了一阵反共反华恶浪，钱学森被关在一间昏暗的单人牢房里。每天晚上，看守每隔一小时就进来把他喊醒一次。钱学森得不到休息，精神上陷于极度紧张的状态。

经加州理工学院朋友们的多

方努力，两周后他们以重金将钱学森保释出狱。但出狱后钱学森的工作、生活处处受到限制和监视，他与家人都曾受到迫害。但是，钱学森并没有因此被吓倒，相反更坚定了回国的决心。

1955年，经过五年不屈的抗争和中国政府的严正交涉，钱学森终于冲破美国当局的重重阻挠，回到了祖国的怀抱。

1956年，钱学森向政府提出《建立我国国防航空工业意见书》，并担任国防部第五研究院院长。在他的指导和参与下，1960年我国成功发射第一枚仿制火箭，1964年我国第一枚自行设计的中近程火箭飞行试验取得成功。1965年钱学森建议制订人造卫星的研制计划被列入国家的重点项目，最终使我国第一颗人造卫星于1970年升入太空。钱学森也因此被誉为"中国航空之父"和"火箭之王"。

钱学森对中国共产党有着深厚的感情。1962年钱学森的《物理力学讲义》和《星际航行概论》先后出版，稿酬有好几千元，这在当时简直是个"天文数字"。但是，当他拿到这两笔稿费时，连包都没打开就作为党费，交给了党小组组长。1978年，当时"文革"刚刚结束，开始落实各方面的政策。钱学森的父亲钱均夫所在的单位给钱老先生补发了三千多元的工资。因为钱老先生已经去世，这笔钱就补发给钱学森。钱学森认为，父亲已去世多年，这笔钱他不能要，转手就把这三千多元也交了党费。

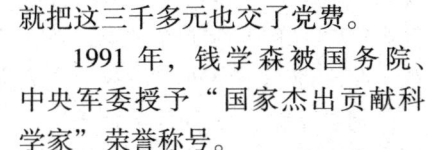

1991年，钱学森被国务院、中央军委授予"国家杰出贡献科学家"荣誉称号。

1994年，钱学森成为中国工程院院士。1998年成为中国科学院和中国工程院两院的资深院士。

1999年，中共中央、国务院、中央军委授予他"两弹一星功勋奖章"。钱学森是我国著名的核物理学家，为中国的航天事业做出了重大的贡献。2009年10月31日8时6分，钱学森在北京逝世，享年98岁。

钱学森蜡像

名人故事
阿基米德

姓　名：阿基米德｜生卒年：公元前287年—公元前212年
出生地：古希腊叙拉古城｜品　质：热爱祖国。

给我一个支点，我就能撬动地球。

——阿基米得

公元前287年，阿基米德出生于叙拉古城的一个并不富裕的贵族家庭，父亲是天文学家兼数学家。由于父亲的影响，阿基米德从小就热爱学习，善于思考和辩论，对数学、天文学、古希腊几何学都兴趣浓厚。阿基米德天资聪颖，勤奋好学，很快就把家里的藏书读完了，于是他就到当地的其他学者家中借阅。刚满11岁时，借助与王室的关系，他被送到埃及的亚历山大城学习。在这座"智慧之都"里，阿基米德学习和生活了许多年，他博览群书，跟很多学者有着密切的联系，跟随他们钻研哲学、数学、天文学和物理学。

阿基米德在许多科学领域都获得了巨大的成就。在数学领域，阿基米德使用"穷竭法"求得了抛物线、弓形、螺线、圆形的面积和体积以及椭圆体、抛物面体等复杂几何体的体积，被公认为微积分计算的鼻祖。他还利用此法估算出了π值，得出了三次方程的解法。另外他还提出了一套按级计算法，并利用它解决了许多数学难题。他主要的数学著作有《论球体和圆柱体》

人类对浮力的利用

科学家

跷跷板原理也是由阿基米德发现的

《论锥体与球体》《抛物线求积》和《论螺线》。在力学领域,阿基米德的成就主要集中在静力学和流体静力学方面。在研究机械的过程中,他发现了杠杆原理。在研究浮体的过程中,他发现了浮力定律,也就是著名的阿基米德定律。他著有《论图形的平衡》《论浮体》《论杠杆》《论重心》等力学著作。另外,他第一个提出重心的概念并确定了若干几何图形的重心位置。在天文学领域,阿基米德设计了一些可以转动的圆球,用来演示日食、月食现象。他认为地球是圆球状的,并围绕着太阳旋转,这比哥白尼的"日心说"要早1 800年。

阿基米德热衷于将科学发现应用于实践。他一生设计、制造了许多机械,除了杠杆系统外,还有滑轮、灌地机、扬水机以及军事上用的投射器等。尤其被称作"阿基米德举水螺旋"的扬水机是现代螺旋泵的前身。

阿基米德又是一个伟大的爱国者,当罗马军队入侵叙拉古城时,他指导同胞制造了很多武器,如用于远距离投掷的投石机、能将敌船提起扔出的铁爪式起重机以及利用聚光原理使敌船燃烧的大凹镜。在这些武器的帮助下,罗马人被阻长达三年之久,直到公元前212年,由于守城居民的大意,罗马军队才最终进入叙拉古城。城破之后,阿基米德被一名无知的罗马士兵杀死,终年75岁。他的遗体被葬在西西里岛,墓碑上刻着一个圆柱内切球的图形,以纪念他在几何学上的卓越贡献。

阿基米德被后世的数学家尊称为"数学之神",他是人类历史上最重要的数学家之一。同时他也是世界上第一位物理学家、应用数学家,他的发现经得起实践的考验,并不断得到发展,为后来科学的进步做出了巨大的贡献。

名人故事
哥白尼

姓　名：尼古拉·哥白尼 | 生卒年：1473年—1543年
出生地：托伦城 | 品　质：聪明刻苦、勤奋好学。

人的天职是勇于探索真理。

——哥白尼

尼古拉·哥白尼是波兰伟大的天文学家，太阳中心说的创始人，近代天文学的奠基者。哥白尼也是一位杰出的医生、社会活动家、数学家、经济学家和画家。

哥白尼10岁时，由舅父瓦琴洛德大主教抚养，受到了良好的教育。他少年时代就对天文学有浓厚兴趣，获意大利费拉拉大学教会法博士。学校的人文主义者、数学家和天文学家布鲁楚斯基给予他很大的影响，哥白尼经常向这位学者请教天文学和数学方面的问题，还学会了用天文仪器观测天象。

哥白尼勤奋好学且多有成就。他精通拉丁文和希腊文，对古代希腊罗马文学也颇有研究；他绘制过埃尔门兰德地区的地图；设计过埃尔门兰德各城市的自来水管道；他也是位出色的数学家，他的巨著《天体运行论》里发表过他的球面三角论文。

哥白尼离开意大利回波兰时，天空正出现罕见的星象：土星与木星"会合"了。由于教皇亚历山大误喝了谋害别人的毒酒而丧命，意大利教会趁机提出种种警告，他们宣告天空将连续出现四次土星与木

科学家

星会合的异象，说这是上天对世人的一个严重警告。

这时，哥白尼和他的朋友也在克拉夫研究两星"会合"的问题。哥白尼发现教会的说法存在数据的错误，于是他和朋友们决定各自在不同地区进行观测，以便一起来揭露教会的妄说。

第四次"会合"的日期与教会所说不符，它提前了一个多月。而这恰恰和哥白尼的推算相符。这一现象证实了哥白尼的推测。

在赫尔斯堡，由于朋友们不断催促，哥白尼把他的"太阳中心说"写出了一个提纲，取名叫《试论天体运行的假设》，抄送给他的几个心腹朋友，他宣布："所有的天体都围绕着太阳运转，太阳附近就是宇宙中心的所在。地球本身一天自转一周，一年绕太阳公转一周。"

《试论天体运行的假设》是哥白尼学说的第一块基石。但由于教会对科学和进步思想的疯狂迫害，哥白尼历经数年写成的《试论天体运行的假设》想要出版却困难重重。

哥白尼的唯一门生德国威滕堡大学的数学家列提克和他的朋友铁德曼·吉哲都热心帮助他出版。1541年秋，列提克把哥白尼的手稿送往纽伦堡出版。由于列提克坚信哥白尼的学说而受到教会的迫害，因此，他不得不背井离乡以逃避教会的追捕。临走之前，他委托自己的朋友路德派牧师奥塞安德尔代他出版哥白尼的著作。然而，这位牧师在梅兰赫东的指使下，篡改了哥白尼的原意。

1543年，当这本书印好并送到弗隆堡时，哥白尼生命垂危，他的眼睛也已经失明，只用手痉挛地抓住书本摸了摸就与世长辞了。

哥白尼的成就不仅仅在于他给人提供了著名学说，重要的是他冲破了世俗教会压制下的人类思想牢笼，从此使真正意义上的科学发现层出不穷……

名人故事
伽利略

姓　名：伽里列奥·伽利略｜生卒年：1564年—1642年
出生地：意大利比萨城｜品　质：聪明好学。

《圣经》是教人如何进天国，而不是教人知道天体是如何运转的。

——伽利略

伽利略于1564年2月15日出生在意大利西部海岸的比萨城的一个没落贵族家庭，从小受到了良好的家庭教育。他自幼聪明好问，8岁开始上学，功课优异，表现出极强的观察能力与动手能力。

伽利略在12岁时，进入佛罗伦萨附近的瓦洛姆布洛萨修道院，接受古典教育。17岁时，他进入比萨大学学医，同时潜心钻研物理学和数学。他注重实践，善于独立思考，由于家庭经济困难，伽利略没有拿到毕业证书，便离开了比萨大学。在艰苦的环境下，他仍坚持科学研究，攻读了欧几里得和阿基米德的许多著作，做了大量实验，并发表了许多有影响的论文，受到了当时学术界的高度重视，被誉为"当代的阿基米德"。

伽利略在25岁时被比萨大学聘为数学教授。1590年，伽利略在比萨斜塔公开做了落体实验，验证了亚里士多德的说法是错误的，使统治人们思想长达两千多年的亚里士多德的学说第一次发生动摇。而伽利略却因此而受到一些著名学者的攻击。

现代的哈勃望远镜

科学家

1591年，伽利略被比萨大学解聘。伽利略离开比萨大学后，于1592年去威尼斯的帕多瓦大学任教，一直到1610年。这一时期是伽利略从事科学研究的黄金时期。在这里，他在力学、天文学等各方面都取得了累累硕果。

伽利略在佛罗伦萨的宫廷里进行科学研究，但是他的天文发现以及他的天文学著作明显地体现出了哥白尼日心说的观点。因此，伽利略开始受到教会的注意。1616年开始，伽利略受到罗马宗教裁判所长达二十多年的残酷迫害。

伽利略的晚年生活极其悲惨，照料他的女儿赛丽斯特竟然先于他离开人世。失去爱女的过度悲伤，使伽利略双目失明。即使在这样的遭遇下，他依然没有放弃自己的科学研究工作。1636年，伽利略在监禁中偷偷地完成了他一生中另一部伟大的著作——《关于两种新科学的对话》。这部著作是以三人对话形式写的，书中的"第一天"是关于固体材料强度的问题，反驳了亚里士多德关于落体的速度依赖于重量的观点；"第二天"是关于内聚作用的原因，讨论了杠杆原理的证明及梁的强度问题；"第三天"讨论了匀速运动和自然加速运动；"第四天"是关于抛物体运动的讨论。这就从根本上否定了亚里士多德的运动学说。

1642年1月8日凌晨4时，伟大的伽利略——为科学、真理奋斗一生的战士、科学巨人患热病离开了人世，享年78岁。

伽里列奥·伽利略是意大利文艺复兴后期伟大的天文学家、物理学家、力学家和哲学家，也是近代试验科学的奠基人之一。他是为维护真理而进行不屈不挠战斗的战士。恩格斯称他是"不管有何障碍，都能不顾一切而打破旧说、创立新说的巨人之一"。弥留之际，伽利略还重复着这样一句话："追求科学需要特殊的勇气。"

名人故事
牛顿

姓　　名：艾萨克·牛顿 | 生卒年：1643年—1727年
出生地：英国林肯郡乌尔斯索普镇 | 品　　质：勤学善思。

天才是长期劳动的结果。

——牛顿

牛顿于1643年1月4日出生在英国伦敦林肯郡的一个农民家庭。牛顿自幼沉默寡言，性格倔犟，少年时代就喜欢动脑筋摆弄小机械，表现出手工制作机械方面的才能。12岁时，牛顿来到格兰瑟姆中学，寄宿在一个药店楼上。他用木箱和玻璃瓶做成水钟，控制时间，每天黎明时水钟按时滴水到他的脸上，把他叫醒。

牛顿在中学时代学习成绩并不出众，但是非常爱好读书，对自然现象充满好奇心，他分门别类地记读书心得笔记，又喜欢搞些小工具、小发明、小试验。一次，他把自己做的小风车带到学校给同学看，有两个平时成绩好的同学挖苦他说："这个笨木匠，不好好读书，手艺倒是不错。"牛顿生气极了，便把他俩打倒在地，结果受到了严厉的惩罚。此后，他下决心好好学习，成绩直线上升。1661年，牛顿以减费生的身份进入了剑桥大学三一学院，1664年获得奖学金，1665年获学士学位。一位叫巴罗的学者发现牛顿是个人才，举荐他为研究生，把牛顿引向了自然科学的王国。1665年，伦敦瘟疫流行，剑桥停课，牛顿回到了故乡。

1665年—1666年，牛顿认真总结了前人的科学研究方法并加以运用，创立了二项式定理，发明了微积分，用三棱镜把白光分解成七色

牛顿与苹果塑像

科学家

光并确定了每种颜色光的折射率,他还继承了笛卡儿把地上的力学应用于天体现象的想法来探索行星椭圆轨道问题,试图把苹果落地与月亮绕地球公转联系起来。1667年牛顿重返剑桥大学,在巴罗教授的指导下继续从事科学研究工作。1669年,巴罗教授推荐他担任"卢卡斯数学讲座"教授,26岁的牛顿担任此职一直到53岁。1672年,他被接纳为英国皇家学会会员。1687年,《自然哲学的数学原理》这一划时代的著作问世,该书以牛顿的三大运动定律和万有引力定律为基础,建立了完美的力学理论体系,说明了当时人们所能理解的一切力学现象,解决了行星运动、落体运动、振子运动、微粒运动、声音和波、潮涨潮落以及地球的扁圆形状等各式各样的问题。在以后的二百多年中,再也没有人补充任何本质上的东西,直到20世纪量子论和相对论的出现,才使力学的范畴扩大。牛顿的学说为唯物主义哲学、文学艺术的健康发展提供了坚实的基础。

1727年3月30日,84岁的牛顿出席皇家学会例会后,突然发病,回到家中后,于3月31日拂晓前与世长辞。他的临终遗言是:"我不知道世上的人对我怎样评价。我却这样认为,我好像是在海边上玩耍的孩子,时而拾到几块晶莹的石子,时而拾到几个美丽的贝壳,并为之欢欣。那浩瀚的真理的海洋却仍无限地展现在我的面前。"

人们不会忘记牛顿在自然科学领域的突出贡献。

名人故事
瓦 特

姓　　名：詹姆斯·瓦特 | 生卒年：1736年—1819年
出生地：英国格里诺克城 | 品　　质：观察思考能力强。

蒸汽机是第一个真正国际性的发明。

——恩格斯

瓦特于1736年1月19日出生在英国格林诺克城的一个造船匠家庭，从小母亲教了瓦特语文和数学知识，鼓励他玩各种玩具和小机械，培养他观察思考问题和动手实践的能力。

瓦特小时候经常到姨妈家去玩。一次，壶里的水开了，蒸汽把壶盖冲得"啪啪"作响，从壶嘴里冒出白雾。瓦特对此产生了兴趣，他目不转睛地看着不停跳动的壶盖，在炉旁待了一个多钟头。姨妈看见了，还责备瓦特是个懒孩子。回家后，瓦特便开始寻找壶盖跳动的原因。

后来瓦特进入格林诺克的文法学校学习，由于身体不好，他一直表现得沉默寡言，经常被别人欺负，没有毕业就退学了。18岁那年，瓦特到格拉斯哥城学习手艺，在钟表店做学徒，后来又去伦敦学习机械制造。

1757年，瓦特到格拉斯哥大学当修造教学仪器的工人。他在那里与化学家约瑟夫·布莱克和以后成为物理学教授的约翰·鲁滨逊成为好友，他们三人经常聚在一起，讨论研究改进蒸汽机的问题，瓦特从中学到了不少科学理论知识。

1764年，瓦特受托修理一台纽可

46

门蒸汽机，机器很快就被修好了，但瓦特并不满足，决心进一步改进它。于是，他与一个叫约翰·巴罗克的工厂主合伙，经过三年多反复试验，终于在1768年制造出真正能够运转的蒸汽机。1769年，他获得了发明专利权。瓦特发明的新型蒸汽机，除了采用分离式冷凝器外，还采用了如机油润滑、填料函、汽缸绝热套等一系列改进和发明，它的耗煤量仅为纽可门蒸汽机的1/4，但工作效率却大大提高了。

1781年，瓦特提出五种将往复运动转变成旋转运动的方法，其中最有名的"行星齿轮结构"在后来的工业生产中得到了广泛应用；1782年，瓦特获得了"双动作蒸汽机"的专利；1784年，瓦特在他的新专利中又提出了"平行连杆结构"的概念，使蒸汽机具有了更广泛的实用性。1788年，他又发明了离心调速器和节气阀；1790年，完成了汽缸示功器的发明。至此，瓦特完成了蒸汽机发明的全过程。

瓦特对蒸汽机的改进和发明是第一次工业革命中划时代的重大事件。蒸汽机的广泛应用，使人类获得了空前强劲的、可被控制的动力资源，对社会经济的跨越性发展起了关键性作用。1807年，美国人富尔顿把瓦特的蒸汽机装在轮船上，宣告了航运帆船时代的终结。1814年，英国人斯蒂芬孙把瓦特的蒸汽机装在火车上，开始了陆路运输的新时代。瓦特的成就得到了人们的高度肯定，1785年，瓦特被选为英国皇家学会会员；1806年，他被授予格拉斯哥大学法学博士头衔；1814年，他被推荐为法兰西国家学会会员。1819年8月25日，瓦特在家中安然去世，享年83岁。后人为了纪念他的伟大发明，把功率计算单位称为"瓦特"，他的名字将永远载入人类科学的史册。

名人故事
达尔文

姓　　名：查理·罗伯特·达尔文｜生卒年：1809年—1882年
出生地：英国什鲁斯伯里｜品　　质：善于发现。

　　能够存活下来的不是最强大的物种，也不是最聪明的物种，而是对变化做出最快响应的物种。

——达尔文

　　达尔文于1809年2月12日出生在英国什鲁斯伯里的一个医生家庭。8岁时，他进入教会学校读书。达尔文从小就喜欢收集邮票、画片、矿石、钱币等物品，热爱大自然，喜欢仔细观察各种动植物并采集标本。9岁时，他进入文法学校读书，学习成绩平平，更专注于自己所喜欢做的事情。

　　16岁时，他被父亲送到爱丁堡大学学医，但他对授课内容并不感兴趣。两年后，他转往剑桥大学学习神学，父亲希望他将来成为一个"尊贵的牧师"。

　　在剑桥的三年里，达尔文与地质学教授塞奇威克和植物学教授亨斯罗结识，更加热衷于对自然界的观察和研究，阅读了大量自然科学书籍，采集了许多昆虫标本，而对神学的学习却没什么进展。当读了洪堡的《新大陆热带地区旅行记》和赫胥黎的《自然哲学导言》之后，他便立志要投身于自然科学研究。

科学家

达尔文像

1831年，达尔文大学毕业，经亨斯罗的推荐，以博物学家的身份参加了英国政府组织的"贝格尔"号军舰的环球考察，从此开始了漫长而又艰苦的环球考察活动。达尔文每到一处都要进行认真的考察研究，采访当地的居民，采集矿物和动植物标本，挖掘生物化石，收集没有记载的新物种，积累了大量资料。在考察过程中，达尔文敏锐地觉察到物种在不同地区的变化状况，逐渐对《圣经》中"创世纪"的人类起源说产生了怀疑，并萌生了生物进化论的思想。1836年10月，环球考察结束。回到英国后，达尔文集中整理了考察日记和采集的标本，同时参与培养动物新种实验和杂交实验，开始为他的生物进化理论寻找根据。

1859年11月，达尔文经过二十多年苦心研究写成的科学巨著《物种起源》正式出版。它以充分的事实证明了"物种不是不变的"，"一切生物都不是特殊的创造物"，推测出人类的起源，并提出了自然选择学说来解释生物的进化。这部著作第一次把生物学建立在完全科学的基础上，推翻了神创论和物种不变的理论，标志着进化论的正式确立。随后，达尔文又开始写他的第二部巨著《动物和植物在家养下的变异》，进一步阐述他的进化论观点，提出物种的变异和遗传、生物的生存斗争和自然选择的重要论点，并很快出版了这部巨著。

《物种起源》在学术界和社会上引起了巨大轰动，达尔文也迅速誉满全球。1878年，他被选为法国科学院植物学部通讯院士，同年又被选为柏林科学院的通讯院士。

1882年4月19日，达尔文在家中病逝，享年73岁。达尔文的理论对人类历史的发展产生了巨大的影响。

名人故事
富兰克林

姓　名：本杰明·富兰克林｜生卒年：1706年—1790年
出生地：美国波士顿｜品　质：观察思考能力强。

> 诚实和勤勉，应该成为你永久的伴侣。
>
> ——富兰克林

当人们还不知道电是什么时，富兰克林就对它产生了浓厚的兴趣。经过一系列电学实验，诸如人们早已熟知的雷雨里的风筝取电实验等，他将不同状态下的电称为"正电（+）"和"负电（-）"，提出了电学中的"一流论"，在大气电学等方面揭示了雷电现象的本质，因此他被人们誉为"第二个普罗米修斯"。

富兰克林勤奋并善于动脑，他的发明涉及生活的方方面面。他曾是美洲哲学会的中心人物，一生四次担任英国皇家学会理事会理事，曾获得哈佛大学和耶鲁大学的荣誉硕士学位，以及英国爱丁堡大学、圣安德鲁大学和牛津大学的博士学位。富兰克林一生热衷于科学研究，把科学研究与实际生活结合起来。即使在晚年，他仍致力于研究改进航海技术，研究水声学，并写下了论北极光性质的文章。他的科学研究大大地促进了当时北美各殖民地的科学文化发展，为人类做出了巨大的贡献。

富兰克林生活坎坷，幼时家境贫困，他一生只在学校读了两年书，他所取得的成就完全凭借刻苦的自学。12岁时，他到哥哥詹姆士经营的小印刷所，当了五六年的印刷工人。他利用工作之便，结识了几家书店的学徒，将书店的书在晚间借来，通宵达旦地阅读，第二天清晨归还。

1723年，富兰克林离开了波士顿，先后在费城和伦敦的印刷厂当工人。1726年回到费城后，他已经掌握了精湛的印刷技术，开始独立经营印刷所。1730年创办《宾夕法尼亚报》，并亲自撰写文章，内容以艺术、科学为主,每周一期,一直持续了18年之久。他还在费城和几个青年创办了"共读社"进行自学。经过一年的努力,在1731年创办了北美的第一个巡回图书馆。该馆在1743年改称"美洲哲学会",1749年发展成为费拉德尔菲尔学院,以后又改名为宾夕法尼亚大学。他还在费城办过不少公益事业,如创办消防队、医院和警察机构等。1776年,已经70岁的富兰克林出使法国,赢得了法国和欧洲人民对北美独立战争的支援。在他1785年回国前夕,路易十六把一张四周嵌满珍珠的自己的肖像赠给他,以表彰他在外交上的杰出成就。

晚年的富兰克林参与到反对奴役黑人的运动中,积极主张废除奴隶制度,赢得各种族人民的尊敬。

1790年4月17日夜里11时,富兰克林溘然长逝,享年84岁。

富兰克林在一生中对人类的贡献颇多,他是美利坚合众国的创始人之一;他是第一个在纯科学领域中享有国际声誉的美国科学家,是美国电学研究的先驱。然而他生前威名显赫,死后的墓碑上却只刻着这样几个字:印刷工富兰克林。

名人故事
门捷列夫

姓　名：德米特里·伊万诺维奇·门捷列夫｜生卒年：1834年—1907年
出生地：俄国托博尔斯克市

天才就是这样，终生努力，便成天才。

——门捷列夫

门捷列夫凭借着元素周期律成为近现代化学界的"教父"，他将自然界所有可知元素进行了系统的分类列表，为化学研究的进步贡献了力量。

1834年2月7日门捷列夫生于西伯利亚托博尔斯克市，他是父亲伊凡·巴夫罗维奇的第十四个儿子。伊凡·巴夫罗维奇毕业于彼得堡大学附属高等师范学校，任中学教师，1827年升任中学校长。门捷列夫的母亲玛丽亚·德米特里民夫娜，是西伯利亚最早从事造纸与玻璃工业的老资本家柯尔尼列夫的女儿，是一个聪明能干的妇女。

门捷列夫刻苦学习的态度、钻研的毅力以及渊博的知识得到了老师们的赞赏，彼得堡大学破格任命他为化学讲师，当时他仅22岁。在彼得堡大学，门捷列夫任教的两门课程是理论化学和有机化学。

1859年，他获准去德国海德堡实验室进行深造。留德期间，门捷列夫参加了在德国卡尔斯鲁厄举行的第一届国际化学家会议。会上各国化学家的发言给门捷列夫以重要启迪，特别是康迈查罗的发言。这次会议对于他的化学研究生涯至关重要。从此他有了明确的科研目标，并为此付出了艰辛的劳动。

归国后，门捷列夫对283种物质逐个进行分析测定，这使他对许多物质和元素的性质有了更直观的认识。他重新测定了一些元素的原子量，因而对元素的基本特征有了深刻的了解。他紧紧抓住原子量与元素性质之间的关系这一突破口，反复测试和不断思索。他在每张卡片上写出一种元素的名称、原子量、化合物的化学式和主要的性质，并反复排列这些卡片，终于发现每一行元素的性质都在按原子量的增大，从小到大地逐渐变化。

1882年，英国皇家学会授予门捷列夫戴维金质奖章。1889年，英国化学会授予他最高荣誉——法拉第奖章。

元素周期律的发现激起了人们发现新元素和研究无机化学理论的热潮，元素周期律的发现在化学发展史上是一座重要的里程碑，它把几百年来关于各种元素的大量知识系统化，形成一个有内在联系的统一体系，进而使之上升为理论。除此之外，门捷列夫还研究了气象学、石油冶炼加工、气体定律、农业化学、无烟火药等，并且在这些领域也有所成就。

然而由于门捷列夫所处时代的局限性，他所发现的元素周期律并不是完整无缺的。他的元素周期律经过后人的不断完善和发展，在人类认识自然、改造自然、征服自然的过程中，将发挥越来越重要的作用。

1907年2月2日，这位俄国历史上最伟大的化学家因心肌梗塞而与世长辞，但他所享有的声誉将永垂青史。

名人故事
诺贝尔

姓　名：阿尔弗雷德·诺贝尔丨生卒年：1833年—1896年
出生地：瑞典斯德哥尔摩丨品　质：刻苦努力

生命，那是自然给予人类去雕琢的宝石。

——诺贝尔

阿尔弗雷德·诺贝尔于1833年出生在瑞典首都斯德哥尔摩的一个机械师家庭，自幼体弱多病。由于家境贫困，他几乎没有受过什么正规的学校教育。

1842年，因他的父亲伊曼纽尔在圣彼得堡开设了一家生产地雷和水雷的工厂，诺贝尔的全家也随之迁往圣彼得堡。随着家庭状况的逐步好转，父亲为诺贝尔兄弟三人请了家庭教师。诺贝尔虽然年纪最小，学习却最为用功，尤其外语最为突出，他掌握了英、俄、德、法等多国语言。小诺贝尔喜爱雪莱的诗歌，对文学产生了浓厚兴趣，诗歌中所描绘的美好事物和那种崇高的艺术境界伴随他度过了一生的时光。后来他不仅写过诗，还写过小说和戏剧，由此可见他对文学的钟爱。

在16岁那年，诺贝尔到法国巴黎求学。随后，他又在父亲

2005年诺贝尔物理学奖得主特奥尔·亨施

科学家

的支持下,来到纽约,跟一位工程师学习机械制造及一些化学知识。在这里,诺贝尔被科学深深地吸引,并树立了献身科学事业的崇高信念。四年后,诺贝尔回到了圣彼得堡,加入父亲和哥哥们的工作中。同时诺贝尔又积极地研究威力更强大的火药,以取代父亲发明的水雷。

他了解到意大利的索布雷罗发明的硝化甘油爆炸力很强,但因为在试验中发生了大爆炸而放弃了研究,于是他便开始深入研究硝化甘油。这是一项极其危险的研究工作。他的弟弟爱弥尔和许多人都在进行试验时丧命了,他和父亲偶然外出才躲过了这场灾难。一时间硝化甘油变成了使人谈之色变的"怪物"。其实,硝化甘油用途的重要性在当时已十分明显,建铁路、修运河、采矿石、开隧道都可派上用场。诺贝尔深知自己的研究与发明的重要性,为了提高炸药的安全性能,减少意外爆炸事故的发生,他在提高炸药威力的同时,注意提高炸药的安全系数。终于在1875年,他发明了明胶炸药,不仅提高了炸药的威力,同时也大大提高了炸药的安全系数。因他的杰出贡献,瑞典科学院授予他莱阿斯蒂特奖。

诺贝尔一生获得的专利多达三百多种,包括防爆锅炉、自动闸、火箭发射法、电话及电池的改良等等,其中最著名的就是炸药。

诺贝尔一生厌恶战争,向往和平,但他发明的炸药却使成千上万的人在战争中丧命,为此他决定设立和平奖金。

1895年11月27日,他立下了世界上最具影响力的遗嘱:"我献出我的全部财产,以它的利息设立五个奖项:物理学奖、化学奖、生理学和医学奖、文学奖、和平奖。上述各奖项希望授予最适当的人,国别不限。"从此,这项超越国籍的诺贝尔奖成为世界上最权威、最具影响力的国际大奖。1896年12月10日,诺贝尔逝世,终年63岁。诺贝尔的名字和他在科学探索中取得的成就永远留在了人类社会发展的文明史册上,并闪耀着炫目的光辉。

55

名人故事
爱迪生

姓　名：托马斯·阿尔瓦·爱迪生 ｜ 生卒年：1847年—1931年
出生地：美国俄亥俄州迈兰镇

天才，那就是一分灵感加上九十九分汗水。

——爱迪生

1847年2月11日爱迪生出生在美国俄亥俄州的迈兰镇。他出身低微，生活并不富裕，但是他从小就对事物充满了好奇心，对生活中的每一件事情都喜欢寻根究底。有一次，父亲在草棚里发现他趴在草堆里一动不动，便问他在做什么，爱迪生一本正经地说："我在孵小鸡呀！"父亲对他说人是孵不出小鸡的，爱迪生问道："为什么母鸡能，我就不能呢？"

8岁时，爱迪生上学，只读了3个月的书，就被老师斥以"低能儿"而撵出了校门。原因是爱迪生经常问一些令老师很为难的问题，比如，2加2为什么会等于4？他的问题难倒了老师，可老师教的功课，他是一点也不理解，只好被母亲领回家里亲自教育。

此后，母亲成了爱迪生的老师。在母亲的引导下，他迷上了读书，读了莎士比亚、狄更斯的著作和许多重要的历史书籍。9岁时，他便开始阅读难度较大的书，如柏克的《自然与实验哲学》，从中他学到了许多知识。12岁那年，他开始在列车上当报童，并在车上租

科学家

伟大的发明家爱迪生

了一个小房间,买了一台简单的印刷机,自己编写、印刷报纸,然后出售。他因此赚了一点钱,购买了一些化学用品,便开始在火车上的工作室里做实验。有一次化学药品着了火,他的设备被恼怒的列车员全部扔出了窗外,而他本人也因此挨了列车员的耳光,一只耳朵被打聋。15岁那年,爱迪生在火车道旁救了一个站长的小孩,为表示感谢,站长把铁路电报技术教给了他,并推荐他在铁路公司当电报生。

1869年,爱迪生来到纽约,靠自己娴熟的技术在一家通信所当了一名电报员。不久,他就发明了一种新式电报机。他的这一发明极大地促进了现代电报业的发展,"青年发明家爱迪生"的美名也迅速传遍了全国。1876年,爱迪生在纽约附近的门罗公园创立了一家大规模的实验工厂。他改进了贝尔发明的电话,并使之投入实际应用;还先后发明了留声机、电灯、电影放映机等。他的公司在1903年摄制了第一部故事片《列车抢劫》。以后,爱迪生创办了许多商业性公司,这些公司后来合并为爱迪生通用电气公司,后又称为通用电气公司。他还发明了碱性电池、有声电影,找到了化工新材料——橡胶。从1869年到1910年的41年间,爱迪生一共获得了1 328项发明专利,平均每10天就有一项新发明问世。

1931年10月18日,爱迪生因病逝世,享年84岁。他临终时,带着坦然的微笑说:"我为人类的幸福已经尽力了,没有什么可遗憾的了。"在举行葬礼的那天,全美国熄灯一分钟,以示哀悼。人们用这样的方式表达了对爱迪生的怀念之情,同时这也是人们敬献给这位全球最有影响力的发明家的无声的礼赞。

名人故事
居里夫人

姓　名：玛丽亚·居里 | 生卒年：1867年—1934年
出生地：波兰华沙 | 品　质：不畏艰难、意志坚定。

> 我的最高原则：不论遇到什么困难，都决不屈服。
>
> ——居里夫人

1867年11月7日，玛丽亚出生于波兰一个知识分子家庭，她的父亲是中学的数学、物理教师，母亲是女子寄宿学校的校长。在家庭的影响下，她自幼聪明好学，对物理现象有着浓厚的兴趣。

1891年的冬天，玛丽亚只身一人踏上了去巴黎的旅途。她的胸中燃烧着一股渴望知识的烈火，因为进入著名的巴黎大学学习，是她多年梦寐以求和为之奋斗的理想。她为之心潮澎湃，激动不已。

进入巴黎大学理学院后，她每天上课都来得很早，总是坐在教室的第一排，全神贯注地倾听教授讲解。下课之后，除吃饭之外，不是到实验室做实验，就是到图书馆看书。功夫不负有心人，不久她便成为全班最优秀的学生。学成毕业后，玛丽亚本想回波兰报效祖国，但由于认识了志同道合的法国物理学家比埃尔·居里，她决定留下工作。1895年，玛丽亚和比埃尔结婚以后，人们称玛丽亚为居里夫人。就在这一年，德国科学家伦琴发现了

居里夫人画像

科学家

一种能透过固体物质的 X 光射线。第二年，法国物理学家贝可勒尔又发现铀矿物能放射出一种与 X 光射线相似的奇妙射线。这种奇妙的射线，使玛丽亚产生了浓厚的兴趣。她认为，这是个绝好的研究课题。于是，同丈夫比埃尔在艰苦的条件下开始了认真、细致的研究。

在研究过程中，她发现能放射出那种奇怪光线的不但有铀，还有钍，并且贝可勒尔所发现的光线要比铀放射的光线强得多。因此，她进行了大胆的判断：还有一种物质能够放射光线，这种新的物质，只极少量地存在于矿物之中。居里夫人把它命名为"镭"，因为在拉丁文中，它的原意就是"放射"。

经过三年多的艰苦工作，居里夫妇终于在 1902 年提炼出 0.1 克镭，接着她又初步测定了镭的原子量。他们发现这种元素的放射性要比铀强 200 万倍，因而不用借助任何外力，就会自然发光发热。

镭的发现，引起了科学乃至哲学的巨大变革，为人类探索原子世界的奥秘翻开了新的一页。1903 年 11 月的一天，英国伦敦皇家学会把该会的最高奖赏——戴维奖章，挂在这对年轻夫妇的胸前。

正是因为居里夫妇对科学革命具有突出的贡献，1903 年，他们获得了诺贝尔物理学奖。

居里夫人的大半生都过着清贫的生活，提取镭的艰苦过程也是在简陋的条件下完成的。居里夫妇拒绝为他们的任何发现申请专利，为的是让每个人都能自由地利用他们的成果。他们把诺贝尔奖的奖金都用到了之后的研究上。他们把镭应用于医学，用它来治疗癌症，为医学的进步和人类社会的发展一直不懈地努力着。1906 年 4 月 19 日，比埃尔因车祸逝世，居里夫人忍痛继续研究，1911 年她再次荣获诺贝尔化学奖。

1934 年 7 月 4 日，原子时代的先驱、镭的"母亲"——居里夫人与世长辞，但人们永远不会忘记这位镭的"母亲"。

名人故事
莱特兄弟

姓　名：威尔伯·莱特　奥维尔·莱特
生卒年：1867年—1912年　1871—1948年｜出生地：美国

只有鹦鹉才喋喋不休，但它永远也飞不高。

——莱特兄弟

威尔伯于1867年出生，而奥维尔是在4年之后才来到人世的，虽然相隔几年，但两兄弟却有着共同的兴趣和爱好。莱特兄弟的父亲是一个木匠，他经常给他们买玩具，这对两兄弟产生了深刻的影响。兄弟俩只读了几年书就中途辍学了，起初两人开了家印刷社，后来出于对机械制造的兴趣，他们开了一家自行车行，这为他们以后从事飞机的发明工作积累了资金和技术经验。有一年圣诞节，他们的父亲送给孩子们一个可以飞的螺旋式玩具，这个模样古怪的玩具有一个特点，就是上紧了橡皮筋后，可以飞上天。这引起了莱特兄弟极大的兴趣，在他们的印象中，只有鸟儿才可以飞上天。兄弟俩把这个玩具拆了又装，装了又拆，希望可以发现其中的奥秘。他们产生了一个愿望，想制造出一种能够高高飞上天的机器，这个愿望一直影响了他们的一生。

莱特兄弟从飞鸟和风筝中找到了灵感。他们发现，海鸥的翅膀稍微有些弯曲，这种身体结构是它们能够翱翔蓝天的关键。1899年8月，这两个年轻人着手制造他们的第一架飞机：一架双翼风筝式飞机。这架滑翔机在1900年被制成，并被运往北卡罗来纳海岸的基蒂霍克进行试验。兄弟俩用了一个星期的时间把滑翔机装

好，先把它系上绳索，然后由威尔伯坐上去进行试飞，但只飞了一米多高。第二年，兄弟俩经过多次改进，又制成了一架滑翔机，这次飞行的高度达到了180米。莱特兄弟开始考虑飞机的动力问题，他们想到了汽车的发动机。一名制造发动机的工程师专门为莱特兄弟造出一部12马力、重量只有70千克的汽油发动机。经过无数次试验，他们终于把发动机安装在滑翔机上，并在滑翔机上安了螺旋桨。

带有螺旋桨的飞机再次给莱特兄弟带来了麻烦，但成功终究属于这一对不畏困难、坚持不懈的"飞人"兄弟。1903年12月14日，莱特兄弟在基蒂霍克再次试飞改进后的带有螺旋桨和发动机的飞机。在准备工作就绪后，兄弟俩以抛硬币的方法，决定由威尔伯先飞。威尔伯飞了起来，但很快又掉了下去。他们经过研究，发现是起飞方面的原因。12月17日，莱特兄弟再次试飞，驾驶员换成奥维尔。飞机起飞后，一下子升到三米多高，随即水平地向前飞去。飞机飞行了36.6米，历时12秒，然后稳稳地着陆了。同一天，又接着飞了3次，其中一次飞了259.75米，持续了59秒。这是人类历史上第一次驾驶飞机飞行成功的创举。

1908年9月10日，莱特兄弟终于向世人展示了他们的空中飞行。奥维尔驾驶着他们的飞机，在一片欢呼声中，自由自在地飞向天空。

1912年，威尔伯因病逝世，享年45岁。1948年，奥维尔逝世，享年77岁。莱特兄弟孜孜不倦地从事飞行与研究，实现了人类的飞翔梦想，是现代航空科学的先驱。

名人故事
爱因斯坦

姓　　名：爱因斯坦｜生卒年：1879年—1955年
出生地：德国｜品　质：刻苦勤奋、善于创造、发明。

　　用一个大圆圈代表我所学到的知识，但是圆圈之外是那么多的空白，对我来说就意味着无知。

——爱因斯坦

　　爱因斯坦于1879年3月14日出生在德国南部古老的小城乌尔姆，他的父母都是犹太人。到四五岁时，爱因斯坦还不会说话。有一次，父亲送给他一个指南针，爱因斯坦非常好奇，注视着指南针，激动得浑身发抖，从此对科学产生了极大的兴趣。爱因斯坦上小学时成绩平平，可他善良、虔诚，做事情一丝不苟，同学们都很喜欢他。当时犹太人在德国受到歧视，不平等的待遇给他内心留下了阴影，使他形成了叛逆的性格。10岁时他进了路德中学学习，他讨厌老师刻板、灌输式的教学方法，只对数学、物理与哲学感兴趣，而这些学科在学校里并不受重视，从此爱因斯坦自学高等数学、康德哲学。在老师的眼里，他生性孤僻、智力迟钝、不守纪律，被认为将一事无成。后来他竟被学校勒令退学。然而谁能想到，就是这样一个不被人看好的孩子，

爱因斯坦仿真蜡像

科学家

日后成了一位举世闻名的大科学家。

作为科学家,爱因斯坦也有幽默的一面。

一次,维恩教授的学生劳布在他的论文中也提到了相对论,可教授不同意他的观点,叫他去找爱因斯坦。碰巧爱因斯坦一个人在家,他正跪在地上生炉子。见到来客,他扔下捅火棒,伸出了两只乌黑的手。爱因斯坦没有觉察到客人的迟疑,就把两只乌黑的手和客人两只雪白的手握在了一起。爱因斯坦用手背擦了一下被煤炭灰染黑了的额头,笑着说:"你看,我和人谈辐射,可是这个懒惰的炉子,却怎么也辐射不出热来。"

爱因斯坦的相对论为原子弹的发明提供了理论基础

1905年,爱因斯坦发表了题为《论动体的电动力学》的论文,完整地提出了狭义相对论,这在很大程度上解决了19世纪末出现的经典物理学危机,推动了整个物理学理论的革命。1915年他又发表了广义相对论,从而使科学研究的范围从微观世界过渡到了无限大的宏观世界。1916年,爱因斯坦完成了总结性的论著《广义相对论的基础》,此书被称为20世纪理论物理学的巅峰之作。

1919年,爱因斯坦的相对论被英国剑桥大学著名天文学教授爱丁顿通过观测日全食而验证。爱因斯坦一夜之间成了世界名人。他在世界各国巡回演讲,成为备受欢迎的巡回大使。在波士顿,有人问他:"声音在空气中的传播速度是多大?"爱因斯坦用手托住下巴,直率地说:"很对不起,我不记得了。不过,干吗要去记它呢?随便哪一本物理参考书都能找到这个数据。"

爱因斯坦在1903年与他的大学同学列娃·玛里奇结婚,但因性格不和,两人在1919年离婚。后来,爱因斯坦又和表姐艾丽莎结婚。艾丽莎是持家能手,熟悉爱因斯坦的脾气和生活习惯,把家里的一切都打理得井井有条。

1955年4月18日,这位20世纪最伟大的科学家在睡梦中与世长辞,享年76岁。

中外名人故事全知道
HONGWAI MINGREN GUSHI QUANZHIDAO

文学家

名人故事
屈 原

字　号：名平，字原，号文山 | 生卒年：约公元前340年—约公元前278年
出生地：丹阳（今湖北秭归）

路漫漫其修远兮，吾将上下而求索。

——屈原

屈原出生于楚国的一个贵族家庭，自幼受过良好的家庭教育。屈原从小聪明过人，酷爱读书又非常勤奋。他对诗歌产生了兴趣，不仅熟读《诗经》，还搜集了许多民歌，加以整理、阅读。少年屈原不仅才华横溢，口才也非常好，二十多岁时他就做了楚怀王的左徒，后来又担任三闾大夫的官职，在楚国政治舞台上是一个非常杰出的人才，一度是楚国内政外交的关键人物。但是，由于小人陷害，屈原一生遭到楚王的两次放逐，过了二十多年的流浪生活。

第一次放逐是在楚怀王二十四年（公元前294年），由于屈原极力反对楚怀王亲秦抗齐的外交政策，屡次犯上进言，结果他被放逐出都城郢，流落到汉北。第二次放逐是在顷襄王时，屈原

66

因责备权臣令尹子兰不该劝楚怀王入秦会盟以至被秦扣留而死，得罪了子兰。子兰便在顷襄王面前进谗言，使屈原遭到第二次流放，被放逐于江南。

公元前278年，秦军攻占楚国都城郢，在绝望中，屈原深感政治理想无法实现，便来到了汨罗江边，投江殉国，终年62岁。

屈原还是一位伟大的文学家，他继承了中国古代南方文化的优良传统，并在其基础上创立了"楚辞文体"，形成了中国文学史上最早的浪漫主义文学流派。《楚辞》和《诗经》一起构成了中国诗歌的两大源头，在中国文学史上占有极其重要的地位，对后世文学产生了极大的影响。

屈原的作品现存的有《离骚》《九歌》《天问》等25篇，其中最重要的作品《离骚》是屈原第一次被流放时所作的。全诗三百七十多句，二千四百余字。屈原的作品有着浓厚的地域文化色彩和独特的艺术风格，他大胆地使用浪漫主义手法，运用神话传说，展开丰富的想象，抒发了自己奔放的情感和对美好理想的追求，表达了自己的政治理想以及对腐败统治者的不满和对人民疾苦的深切同情与关怀。在反映现实矛盾，抒发内心感情时，他继承并发扬了《诗经》的传统，巧妙地使用比兴手法，委婉而深入地表述自己的观点。

阅读屈原的作品可以感受到屈原伟大的人格和高尚的情操，他以国家兴亡为己任，追求"举贤荐能、修明法度"的政治理想。在《离骚》中，屈原对贵族统治集团争权夺利、贪婪嫉妒、仗势欺人、蔑视法度等腐朽现象进行了无情的揭露。屈原耿直的性格和他那国家利益高于一切的爱国情操在《离骚》中得到了充分的体现。

在《天问》中，屈原从自然、历史、社会方面，一连提出一百七十多个问题，表达了他的宇宙观以及对宗教信仰的怀疑态度。

屈原作为一个政治家，是个悲剧人物，然而正是这样的悲剧才促成了他文学上的非凡成就。他高尚的人格及杰出的文学作品受到了后人的景仰和崇敬。

名人故事
司马迁

字　号：字子长｜生卒年：约公元前145年—？
出生地：夏阳（今陕西韩城南）｜品　质：正直刚强。

究天人之际，通古今之变，成一家之言。

——司马迁

司马迁是西汉时期杰出的史学家和文学家。他身受腐刑，却隐忍生存16年，用生命撰成《史记》，开创了纪传体通史这种新体裁。

公元前145年司马迁生于夏阳（今陕西韩城南）的一个史官世家。父亲司马谈，学识渊博，曾做过汉武帝的太史令，掌管天文，记载史事。司马谈对儿子期望很高，亲自教育。司马迁从小聪明懂事，他随父亲识字背书，专心致志。闲暇时帮家人耕田放牛，跟小伙伴玩耍嬉戏。司马迁少年时期就饱读经史，10岁时能诵读《尚书》《左传》《国语》等古籍。这一年，他跟随父亲到长安，并师从于当时著名的大儒孔安国、董仲舒。在这些名师的指导下，司马迁博览群书，这也为他后来继承父业打下了深厚的基础。

公元前126年，20岁的司马迁在父亲的建议和支持下开始游历大江南北。他从京师长安出发，南下至江陵，渡江辗转到汨罗江凭吊屈原；沿湘江溯流而上，探访九嶷山，瞻仰舜帝陵墓，观看有关的文物和书册；到过现在的浙江会稽山，考察有关大禹的传说；北上到淮阴，深入街巷，探访韩信的事迹；又到齐鲁搜集孔子、孟子的逸事。为了进一步研究儒家的学说，司马迁虚心地向当地的儒生们请教。他还到秦汉之际风云人物的故里，对楚汉相争的战场进行实地考察，从而收集了大量史料。

司马迁回到长安后不久，被任命为郎中，经常随汉武帝巡游四方。

公元前111年，司马迁被派往西南少数民族地区对边民进行安抚，他借机深入调查各少数民族的经济、政治、社会生活和风土人情。

公元前108年，司马迁被正式任命为太史令，开始整理父亲收集的资料，阅读父亲的藏书。在公元前104年，司马迁开始着手编撰《史记》。

司马迁通过实地考察和民间访问，印证了许多历史文献和传闻。如传说中孟尝君很喜欢招募天下各种人才，包括鸡鸣狗盗之徒。为弄清"夷门"是什么，司马迁过大梁地废墟时，实地勘察，细心求证。正是由于司马迁这种求实精神，《史记》才成为"实录"之作。

公元前99年，汉武帝派得宠的李夫人的哥哥李广利率军攻打匈奴，李陵为后方辎重官。不料李陵所率的5 000步兵，被匈奴3万骑兵包围，在得不到支援、敌众我寡的情况下，战士们仍浴血奋战，最后甚至拿空弓与敌拼命。不得已，李陵投降了敌人。李广利本无将才，虽未遇到匈奴主力，也被打得落花流水。好大喜功的汉武帝非常生气，一些阿谀之徒不敢得罪李广利，怕受其妹李夫人的陷害，大都讳言李广利的败绩，而委过于李陵。正直的司马迁为李陵鸣不平，直言辩护了几句。汉武帝却认为他是在为李陵开脱而贬损李广利。于是

公元前 98 年，司马迁以诬罔主上的罪名，被判处腐刑。这次灾难给他的打击是致命的，司马迁痛不欲生。但每次有轻生的念头时，司马迁耳边就回响起父亲临终时的遗言。为完成那部"究天人之际，通古今之变，成一家之言"的《史记》，司马迁怀着巨大的悲痛日复一日地默默工作着。

公元前 96 年，司马迁出狱，汉武帝任命他为中书令，掌管政府的诏书等机要事务，这引起很多人的不满。面对这些，司马迁毫不在意，他除了发奋写作外，对其他事情一概不闻不问。

公元前 93 年，司马迁终于完成了《史记》。这是一部不朽的历史巨著。全书 130 篇，五十多万字，它系统地记述了汉武帝以前 3 000 年间各色各样人物活动的历史，包括了政治、经济、军事、道德、文学、艺术、科学、宗教等各个方面的内容，文笔生动，展示了一批光彩夺目的历史人物形象。《史记》在史学上、文学上以及哲学上具有极高的成就和影响。

《史记》完成后仅数年，司马迁就逝世了，然而司马迁的名字和《史记》永远铭刻在了后人心中。

文学家

名人故事
鲁 迅

字　号：字豫才，原名周树人 | 生卒年：1881年—1936年
出生地：浙江绍兴 | 品　质：爱国爱民。

灵台无计逃神矢，风雨如磐暗故园。
寄意寒星荃不察，我以我血荐轩辕。

——《自题小像》

　　鲁迅1881年出生于没落的旧官僚的家庭，自幼聪明好学，兴趣广泛。少年时，除了在绍兴三味书屋读过四书五经外，他对具有悠久传统的民间艺术，像戏剧、传说故事等都十分喜爱。1898年春，17岁的鲁迅考入南京江南水师学堂学习，几个月后，转到江南陆师学堂的路矿学堂学习。1902年4月，鲁迅以优异的成绩毕业，并获得了公费留学日本的机会。

　　到日本后，鲁迅首先选择学医，立志要改变中国人"东亚病夫"的形象。但发生在仙台医学专科学校的"幻灯片事件"，使他感到"中国人的病不在身体上，

绍兴何桥

而在精神上"。于是他果断决定弃医从文,离开仙台,来到东京。

1909年8月,鲁迅从日本回国,先后应邀在杭州的浙江两级师范学堂和绍兴府中学堂执教,还曾应蔡元培之邀在教育部任职。1918年,鲁迅在《新青年》上发表了中国现代第一篇白话小说《狂人日记》。小说通过对"狂人"的心理描写,形象地揭露和控诉了中国几千年"吃人"的历史,堪称五四运动中反封建的最强音。

从此,鲁迅的创作便一发而不可收拾,以揭露封建社会黑暗、封建礼教吃人为主题的作品接二连三地问世,《孔乙己》《药》《一件小事》《故乡》《阿Q正传》等作品相继发表。在《孔乙己》中,鲁迅成功地塑造了一个受科举考试制度毒害而沦落的读书人的形象;《阿Q正传》通过阿Q这样一个生动不朽的典型农民形象,深刻地揭示了辛亥革命的必然失败,反映了长期处于封建统治下的农村社会人们的劣根性和下层农民的愚昧现状。

除了小说外,鲁迅也写了大量散文、散文诗以及杂文,如《朝花夕拾》《野草》等。作为一个学者,他还致力于研究中国古代文化,撰写了极具见地和史料价值的《中国小说史略》。

1930年初,鲁迅参加了中国共产党领导的秘密政治团体"中国自由运动大同盟",发表著名的讲话《对于左翼作家联盟的意见》,成为"中国左翼作家联盟"真正意义上的领袖。1931年2月,柔石等

文学家

"左联五烈士"被害,鲁迅怀着悲愤的心情写下了《黑暗中国的文艺界现状》《中国无产阶级革命文学和前驱的血》,针锋相对而又巧妙地同国民党当局对革命文化疯狂"围剿"进行了不屈的斗争。

在鲁迅的作品中,随处可见他的战斗精神以及他对中国黑暗社会的种种丑恶现象无情地批判,他的作品具有极高的思想性和艺术性。

1936年10月19日,鲁迅逝世。上万人自发地为鲁迅先生举行了庄严而隆重的葬礼,在棺盖上,民众代表为他覆上了"民族魂"的大旗。"鲁迅是一位为了中华民族新生而奋斗终生的文化巨人",这是人民大众给予他的最恰当的评价。

名人故事
莎士比亚

姓　　名：莎士比亚｜生卒年：1564年—1616年
出生地：英国斯特拉福｜品　质：头脑灵活、口齿伶俐。

明智的人绝不坐下来为失败而哀号，他们一定乐观地寻找办法来加以挽救。
——莎士比亚

莎士比亚于1564年4月23日出生在英国斯特拉福镇的富裕家庭，他的父亲是个商人。

父亲经常带他去看戏，莎士比亚在观看演出时惊奇地发现：小小的舞台，几个演员，就能把历史和现实生活中的故事表现出来。他觉得非常神奇，因此喜欢上了戏剧。六七岁时，莎士比亚被父亲送进斯特拉福文法学校学习拉丁文和文学。在这里他接触到了古代罗马的诗歌和戏剧。14岁时莎士比亚辍学，给父亲当助手。18岁时莎士比亚结了婚，不到21岁，已有了3个孩子。他的妻子比他大8岁。1586年，一个偶然的机会莎士比亚随一个戏班来到了伦敦，并找到一份为骑马的观众看马的差使。这样莎士比亚离戏剧更近了。一有机会，他就观看戏剧，模仿演员的表演。

莎士比亚头脑灵活、口齿伶俐，工作之余，他坚持自学文学、历史、哲学等课程，还自修了希腊文和拉丁文。当剧团需要临时演员时，他就"近水楼台先得月"，再加上他的才华，终于能演一些配角了。演配角时，莎士比亚也一样认真，他出色的理解力和精湛的演

福特·马多克斯·布朗的画作《罗密欧与朱丽叶》

技，使他不久就被剧团吸收为正式演员。

那时候，伦敦的剧团对剧本的需求非常迫切。因为一部戏要是不受观众喜欢，马上就要停演，再上演新戏。正因为莎士比亚曾阅读了大量的书籍，所以他更加了解自己祖国的历史和人民的命运，他决定尝试写一些历史题材的剧本。

在莎士比亚的早期创作中，他的人文主义思想和独特的艺术风格逐渐形成，他的作品出色地反映了英国社会五光十色的画面。《罗密欧与朱丽叶》反映了人文主义者的爱情理想和封建恶习之间的冲突，集中体现了莎士比亚个性解放的思想。同期的《威尼斯商人》则尖锐地讽刺了高利贷商人极端利己的本性，有着深刻的社会意义。

莎士比亚创作高峰的标志是四大悲剧：《哈姆雷特》《奥赛罗》《李尔王》和《麦克佩斯》。其中《哈姆雷特》堪称世界最佳悲剧，主人公哈姆雷特也成为最复杂的文学典型之一。莎士比亚晚年转入神奇剧的创作，寄希望于乌托邦式的理想世界，作品有《辛白林》《暴风雨》等。

在他52年的生涯中，他为世人留下了37部剧本，154首14行诗和2部叙事长诗。

莎士比亚戏剧的艺术特色主要在于情节的生动性与丰富性的完美结合，人物形象既具有高度的典型性，同时又具有丰富多彩的个性特征。作品思想通过情节和人物自然地表现出来。莎士比亚还是位语言大师，他吸收民间的语言以及古代和当代的文学语言，将其运用得得心应手。剧中时用散文，时用诗体，毫不刻板。他的许多词句脍炙人口。莎士比亚被同时代的戏剧家称为"时代的灵魂"，马克思也把莎士比亚誉为"最伟大的戏剧天才"。

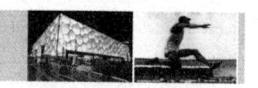

名人故事
塞万提斯

姓　　名：塞万提斯｜生卒年：1547年—1616年
出生地：西班牙埃纳雷斯城｜品　质：意志坚强。

美丽只有同谦虚结合在一起，才配称为美丽。没有谦虚的美丽，不是美丽，顶多只能是好看。

——塞万提斯

塞万提斯是西班牙最伟大的作家，他一生经历坎坷，曾做过红衣主教的侍从，游遍罗马、米兰等地，还曾参军抗击土耳其入侵，身负重伤，失去左臂。后又因受人诬陷被捕入狱。这些经历使他目睹了人间的疾苦，为文学创作积累了大量素材。

《堂吉诃德》是塞万提斯的代表作。他创作这部小说的宗旨是想把骑士小说扫除干净，但《堂吉诃德》的社会意义远远超出了对骑士小说的抨击。它反映了广阔的社会生活，对下层人民寄予了深刻的同情，并且为欧洲近代的长篇小说发展奠定了基础。

著名文艺批评家别林斯基曾经说："在欧洲所有一切著名的文学作品中，把悲剧性和喜剧性、严肃和滑稽、生活中的琐屑和庸俗与伟大和美丽如此水乳交融……这种范例仅见于塞氏的《堂吉诃德》。"

堂吉诃德是拉曼却村的一个穷乡绅，读骑士小说入了迷，决心模仿古代的骑士

塞万提斯与其笔下的人物堂吉诃德和桑丘的塑像

去周游天下。他翻出曾祖父留下的一套破盔甲套在身上,并手握长矛,骑上了一匹瘦得皮包骨头的老马,偷偷地离开家,踏上了冒险的征途。他把附近村庄里的一位姑娘当做理想的"情人",愿意终生为她效劳,立志"冒大险,成大业,立奇功",专门锄强扶弱。堂吉诃德第一次单枪匹马地出游就被打得"像干尸一样"。一个运麦子的老乡路过那里,把他横放在驴背上送了回来。第二次,他说服农民桑丘·潘沙做他的侍从,并答应征服海岛后,就让桑丘·潘沙做岛上的总督。由于满脑子的骑士思想,使他的这一次出游充满了骑士狂热,竟把风车当作巨人,把穷客店当作豪华的城堡,把羊群当作敌人,把苦役犯当作受迫害的骑士,把理发师的铜盆当作魔法师的头盔,把赶路的贵妇人当作落难的公主,不问青红皂白,胡乱砍杀,鬼使神差地干了许多荒唐的蠢事,差点送命,被人护送回家,但他仍然执迷不悟。第三次出游,桑丘在公爵的一个镇上当了"总督",堂吉诃德急于实现他的理想,主仆二人历经磨难,险些丧命。后来,一位好心邻居为了医治他的精神病,化装成骑士打败了他,堂吉诃德这才被迫返乡,从此卧床不起。临终时,他终于清醒了,在控诉完骑士小说的毒害之后黯然辞世。

骑士文学的泛滥毒害了一代人,塞万提斯深恶痛绝,他说:"我的愿望无非是要世人厌恶荒谬的骑士文学。堂吉诃德的其人其事,已经使骑士小说立不住脚,注定要被一扫而空了。"

塞万提斯在1592年至1605年期间,多次被关进监狱。他的不朽名著《堂吉诃德》的第一卷,就是在监狱中构思的。而在瓦尔亚多利城时,他只能在闹市中进行创作。

就是在这样艰苦的条件下,塞万提斯凭着惊人的意志和毅力,写出了《堂吉诃德》的第一卷。小说出版后,受到读者的热烈欢迎,一年内再版了6次,风靡全国。1615年塞万提斯完成《堂吉诃德》续集的写作。1616年4月23日,塞万提斯逝世于马德里。

名人故事
伏尔泰

姓　名：伏尔泰｜生卒年：1694年—1778年
出生地：法国巴黎｜品　质：崇尚自由。

我可能不同意你的观点，但我誓死捍卫你说话的权利。

——伏尔泰

　　1694年，伏尔泰出生于巴黎富有的公证人家庭。伏尔泰生性聪颖，3岁就能背诵法国诗人拉封丹的《寓言诗》，10岁进入中学读书，12岁时已会作诗，并爱读反对宗教、宣扬自由的书。16岁中学毕业后，他父亲希望他攻读法律，但他却爱好文学，立志成为诗人，他确有诗人天赋，常出口成章，即兴写诗。

　　1717年，年轻的伏尔泰因为写了一些讽刺和攻击法国宫廷淫乱生活的作品，被关进巴士底狱。他在狱中将近一年的时间里写成了悲剧《埃狄普斯》。出狱后，剧本在巴黎上演，大受欢迎，伏尔泰因此一举成名。

　　伏尔泰成名之后仍然写讽刺诗嘲笑法国贵族，结果遭到贵族子弟的毒打，并且第二次被关进巴士底狱。出狱后他被驱逐出境，不得不流亡到英国。在英国的生活使伏尔泰受益颇多。他接触到了英国新兴文学，对莎士比亚的戏剧产生了浓厚的兴趣，并把他的剧作翻译介绍到法国。

文学家

1743年，伏尔泰发表了《哲学通信》，在这部书里，他极力抨击封建制度，认为人生要自由，在法律面前应众生平等，并极力要求言论出版自由的实现。

为了避难，伏尔泰来到法国和荷兰边境的一个古老偏僻的贵族庄园，隐居在他的女友德·爱特莱侯爵夫人家中，一住就是15年，直到1749年侯爵夫人去世。在此期间，他匿名发表了《形而上学论》、《牛顿哲学原理》等著作，同样猛烈地攻击封建制度和教会的统治。

伏尔泰还积极参加社会活动，积极为无辜受害的人士奔走，最突出的成绩是发生在1762年闻名欧洲的卡拉斯事件。当时，法国社会中天主教教会的权力极大，天主教僧侣被列为法国封建社会的第一等级，教会经常残酷压榨和迫害人民。有个名叫卡拉斯的新教徒，他的儿子因欠债而自杀。天主教会马上向法院诬告卡拉斯，说他儿子因为想改信天主教，被信新教的父亲杀死了。法院于是把卡拉斯全家逮捕，进行严刑拷打，将卡拉斯判处死刑。行刑的这一天，刽子手们先用铁棒打断了卡拉斯的双臂、肋骨和双腿，然后把他挂在马车后面，在地上活活拖死，最后还点上一把火，把尸体烧成灰烬。

伏尔泰听说这件事之后，异常愤怒，他亲自调查事件真相，把这件冤案的调查报告寄给欧洲许多国家，全欧洲都对此事感到震惊和愤怒，纷纷痛斥法国图卢兹的地方法院。4年后，教会不得不宣布卡拉斯无罪，并恢复了他家人的自由。

伏尔泰最有成就的文学作品是哲理小说，《老实人或乐观主义》是其中的代表作。

《老实人或乐观主义》的主题是批判盲目乐观主义哲学。小说中的邦葛罗斯是个哲学家，在他看来，世界是完美的，一切人和一切事物都尽善尽美，"在这最美好的世界上，一切都走向美好"。

1778年2月，84岁高龄的伏尔泰在路易十五死后重返阔别28年的巴黎，人民群众夹道欢迎这位勇敢的斗士。同年5月30日，伏尔泰病逝。

名人故事
狄更斯

姓　名：查尔斯·狄更斯｜生卒年：1812年—1870年
出生地：英国朴次茅斯市郊｜品　质：不畏艰辛。

不要把今天可以做的事情留到明天去做。延宕是偷光阴的贼。

——狄更斯

狄更斯出生于海军小职员家庭。他10岁时全家被迫迁入负债者监狱，11岁就承担起繁重的家务劳动。他曾在皮鞋作坊当学徒，16岁时在律师事务所当速记员，后担任报社采访记者。他只上过几年学，全靠刻苦自学和艰辛创作成为知名作家。

狄更斯曾多次在国外旅行和居住，其中对他影响较大的有两次。1842年他第一次去美国，是想就近观察共和国制度的大胆实践是否真给人民带来了自由和平等。他在美国看到许多新气象，在感到欣慰的同时，也发现了很多问题。他看到了蓄奴制度，看到了以蓄奴制为荣的美国人。他在回国后出版的《美国札记》里衷心地赞扬了美国的长处，表达了他对自由和和平的渴望及追求。这表现了他对共和制度的维护。1846年，他到巴黎居住，对那时的法国非常赞赏，用充满激情的言语来赞扬他所见到的一切。

关于狄更斯，流传着许多动人的故事，其中有个故事这样写道：有一天，在伦敦郊外的一条小河边，一个人正在钓鱼，自称"看守鱼

文学家

狄更斯画像

塘"的人走过来问道："您在钓鱼吗？"

那个钓鱼者回答说："是啊！半天没见一条鱼。昨天，就在这个地方，我钓到了15条。"

看守人听了立即说："你可知道，此地禁止钓鱼！我是专门负责看守鱼塘的。"说着就要罚款。那个钓鱼者不慌不忙地说："您知道我是谁吗？我就是作家狄更斯，因此您不能罚我的款，刚才我说的是虚构的故事，而虚构故事正是作家的事业。"

狄更斯一生共创作了14部长篇小说，还有许多中、短篇小说和杂文、游记、戏剧、小品。其中最著名的作品是他描写劳资矛盾的长篇代表作《艰难时代》和描写1789年法国革命的另一部代表作《双城记》。此外他还有许多作品流传后世，其他作品有《奥利弗尔·退斯特》（又译《雾都孤儿》）、《老古玩店》《董贝父子》和《远大前程》等等。狄更斯于1850年创作的《大卫·科波菲尔》是半自传体小说，它的成就超越了他的所有其他作品。作者通过主人公大卫的经历，从多方面回顾并总结了自己的人生道路，从而深刻地反映了他的人生哲学和道德理想。小说通过一个孤儿的不幸遭遇描绘了一幅多层次的社会生活画卷，揭露了资产阶级对劳动人民的剥削、司法界的黑暗腐败和议会对人民的欺压。狄更斯鲜明地暴露了金钱的罪恶，从而揭开"维多利亚盛世"的美丽帷幕，呈现出隐藏其后的丑陋的社会现实。作品塑造了不同阶层的典型人物，尤其是对劳动者形象的刻画，表现了作者对弱小者的深切同情。作者通过主人公最后的成功，鼓舞人们坚定对生活的信心，极力培养读者的人道主义价值观。

1870年6月9日，狄更斯逝世。

名人故事
歌 德

姓　名：约翰·沃尔夫冈·歌德｜生卒年：1749年—1832年
出生地：德国法兰克福市｜品　质：追求真理。

你若要重视自己的价值，就得给世界创造价值。

——歌德

歌德于1749年8月28日出生在德国法兰克福市的一个富裕的市民家庭。父亲是法学博士，母亲是市长的女儿，所以他很早就受到了较好的家庭启蒙教育。他自幼聪明过人，喜欢幻想。歌德从小就热爱文学，他曾学习过德国和意大利的文学，并且获得斯特拉斯堡大学博士学位。在斯特拉斯堡大学期间，歌德接触了莎士比亚、荷马等人的作品，深受他们创作风格的影响。1774年，他发表了《少年维特之烦恼》，并因此而出名。1775年他应邀到魏玛公国，次年被任命为魏玛公国的枢密顾问。此后，他成了魏玛公国的重臣，曾一度主持公国大政，力图进行一些改革。然而随着各方阻力的增强，加上对科学研究与文学创作的爱好，他陷入一种矛盾的痛苦之中。于是他于1786年秋不辞而别，化名前往意大利，直到1788年6月才返回魏玛。

在意大利的旅行是歌德一生中的重要转折时期，他重新认识了自己的过去，并在罗马结识了很多艺术家，而意大利如诗如画的风景，也更加丰富了他作为诗人的想象力。回到魏玛后，歌德专心于文学

文学家

艺术创作，先后完成了戏剧《哀格蒙特》《托夸多·塔索》。1796年，歌德结识了著名诗人席勒，两人共同探讨文学，探讨社会。在席勒的影响下，歌德再次提笔创作青年时期就开始构思的巨著《浮士德》，并在1808年出版了第一卷。此后的时间里歌德一直在撰写《浮士德》的第二卷，并在1831年出版。《浮士德》从着手写作到出版历时58年。在这58年中，歌德每日埋头苦读，研读其他作家作品，构思自己的作品，开始写作时几乎是忘记了一切事情，甚至包

歌德与席勒塑像

括他心爱的妻子与孩子。1807年，歌德才与和他同居了18年的克里斯汀结婚，那时他们两人所生的孩子已经17岁了。

《浮士德》差不多可以说是歌德以毕生之力完成的。《浮士德》塑造了一个不断探索人生真谛、不断进取的形象。主人公浮士德年届百岁、双目失明，仍然认为人生应当"每日每夜去开拓生活和自由，然后才能享受自由和生活"。这不但是歌德的追求，体现了资产阶级上升时期追求真理、自强不息的精神，也是德意志民族优秀传统的反映。《浮士德》的创作延续了近60年的时间，作品中体现了他的美学观点及思想发展。同时他的人生体验、哲学探索、艺术实践也使这部作品具有了永恒的魅力。《浮士德》与《荷马史诗》《神曲》等齐名，被文学家认为是史诗性的巨著。除文学创作外，歌德在自然科学领域也取得了一些成绩。如他解剖人体，发现了一直不被人注意的腭间骨，他还用显微镜观察种子的潜在萌芽，等。

1832年3月22日，在《浮士德》第二卷出版后的第二年，歌德在魏玛逝世，享年83岁。

名人故事
巴尔扎克

姓　　名：巴尔扎克 | 生卒年：1799年—1850年
出生地：法国图尔市 | 品　质：兴趣广泛。

> 伟大的人物都是走过了荒沙大漠，才登上光荣的高峰。
> ——巴尔扎克

巴尔扎克于1799年5月20日出生在法国图尔市的一个中产阶级家庭。巴尔扎克自幼在缺少家庭温暖的环境中长大。8岁时他被送进一所教会学校，经常被老师责骂和鞭打，渐渐地他变得沉默寡言。虽然年纪小，巴尔扎克却兴趣广泛，记忆力和分析能力很强，通过自学掌握了许多知识。

巴尔扎克15岁随父母迁居巴黎，17岁入法律学校就读，课余时间曾先后在律师事务所和公证人事务所当差。由于巴尔扎克对文学产生了浓厚的兴趣，所以他经常旁听巴黎大学的文学讲座，通过努力获得文学学士学位。1825年—1828年巴尔扎克先后从事出版业和印刷业，皆告失败，负债累累。经过探索和磨炼，巴尔扎克走上了现实主义文学创作道路。1829年出版的长篇小说《舒昂党人》，初步奠定了他在文学界的地位。1831年发表的长篇小说《驴皮记》为他赢得声誉，使他成为法国最负盛名的作家之一。他早有把自己的作品结集成一个有机整体的设想。1841年他在但

巴尔扎克塑像

文学家

丁《神曲》（原名《神界喜剧》）的启示下，正式把自己作品的总名定为《人间喜剧》，并在《〈人间喜剧〉前言》中宣称要做社会历史的"书记"。他认为社会环境陶冶人，他在体验生活的同时，阅读了大量书籍，自然科学、神学等等无不涉猎。1829年—1849年，巴尔扎克为《人间喜剧》写出了91部作品，包括长篇、中篇、短篇小说和随笔等，分为"风俗研究""哲理研究"和"分析研究"三个部分。其中的代表作品有《欧也妮·葛朗台》《高老头》《幻灭》《农民》《贝姨》等。

《人间喜剧》这部伟大的作品深得马克思和恩格斯的赞赏。在艺术上，巴尔扎克也有突出的成就。他提出："要描写一个时代的主要人物，绘写出这个时代广阔的面貌，即通过塑造众多的典型人物反映整个社会。"正因为他对各类生活，各种人都有所了解，再加上他在书中所见的各种人、各类事，所以在《人间喜剧》中虽然出现了一系列资产者的吝啬形象，但他们的性格毫不雷同，马克思曾赞扬巴尔扎克对吝啬性格的深刻研究。仅此一点，足以说明他在艺术上的高度成就。巴尔扎克特别重视对环境的描绘，以此作为塑造人物、再现社会的重要手段。他创造了同一人物在不同小说中反复再现的手法，使《人间喜剧》形成一幅互有联系的社会画卷。在他的作品中，现实主义和浪漫主义结合在一起，因而在跌宕起伏的行文中，有时也闪现出绚丽的色彩。恩格斯指出：通过《人间喜剧》，巴尔扎克"提供了一部法国'社会'，特别是巴黎'上流社会'的卓越的现实主义历史"。他的作品"是对上流社会必然崩溃的一曲无尽的挽歌"，"他看到了他心爱的贵族们灭亡的必然性"。巴尔扎克虽然离开了我们，他的作品却依然享誉全世界。

名人故事
雨 果

姓　　名：维克多·雨果｜生卒年：1802年—1885年
出生地：法国贝桑松城｜品　　质：天资聪颖、爱好文学。

丑就在美的旁边，畸形靠近着优美，粗俗藏在崇高的背后，恶与善并存，黑暗与光明相共。

——雨果

雨果于1802年2月26日出生于法国贝桑松城的一个军官家庭。他自幼受母亲影响较大，天资聪颖，爱好文学，阅读了大量名著，特别迷恋诗歌。15岁时，他写的《读书乐》受到法兰西学士院的奖励。17岁时，他已成为一家杂志社的重要撰稿人。20岁时，他的诗集《短歌集》出版，获得了路易十八的赏识。

1824年，雨果的处女作小说集《汉·伊斯兰特》获得了小说家诺迪埃的赞赏，与诺迪埃的结缘，使雨果开始转向浪漫主义并逐渐成为浪漫派的首领。1827年雨果为自己的剧本《克伦威尔》写了长篇序言，被视为浪漫主义的宣言。他在序言中提出了坚持不要公式化地而是具体地表现情节的文学主张，还特别宣扬了真善美与假恶丑对照的原则。1830年，雨果的浪漫戏剧代

雨果坐像

文学家

表作《欧那尼》公开上演，首次演出便获得了成功。1832年，雨果的长篇名著《巴黎圣母院》出版，这部作品具备了浪漫主义的各种要素，结构曲折离奇，情节富有戏剧性，将人生百态刻画得淋漓尽致，为雨果赢得了著名小说家的声誉。

可也正是这部小说，给雨果招来了流放的厄运，他开始了长达19年的流亡生活。在流亡期间，雨果完成了《时代的神话》以及《悲惨世界》。《悲惨世界》是最能代表雨果的思想艺术风格的作品，小说还没有出版，就已经被译成了9种文字，震动了欧洲和美国。雨果的文风雄健，富有强烈的人道主义思想和渊博的知识。他的流亡经历，使他更加读懂了生活，也促成了《悲惨世界》这部伟大著作的问世。他为后人留下了数量丰富的文学珍品，除了小说《巴黎圣母院》《悲惨世界》《九三年》和歌剧《欧那尼》外，还有诗歌《秋叶》《静观》《光与影》《街头丛林之歌》等。

1870年爆发了普法战争，法国在色当兵败之后，普鲁士军队逼近巴黎。在国家危亡的关头，雨果在流亡了19年之后回到了祖国。他发表演讲，号召法国人民团结起来共同抵抗德国侵略者。

在巴黎公社时期，雨果极力反对革命使用暴力。巴黎公社失败后，反动政府对公社社员进行疯狂镇压，雨果愤怒谴责反动派的暴行，他呼吁赦免全部公社社员，并在报纸上宣布将自己在布鲁塞尔的住宅提供给流亡社员做避难所之用。为此，他的家庭遭到反动暴徒的袭击，自己也险些丧命，但他并没有因此而动摇，仍然坚持自己的立场，表现了他崇高的爱国主义精神。

1881年2月26日，60万巴黎人在雨果的窗前游行，庆贺他的80寿辰。他在1883年的遗嘱里宣布给穷人5万法郎，并希望用穷人的送葬马车把他的灵柩送到墓地。1885年5月22日雨果去世，法国政府和人民为他举行了隆重的国葬，来自法国和世界各地的200万人为他送葬，这位文学巨匠离开了人世，永远地放下了笔，休息了。

名人故事
契诃夫

姓　名：安东·巴甫洛维奇·契诃夫｜生卒年：1860年—1904年
出生地：俄国塔甘罗格市

简洁是天才的姊妹。

——契诃夫

契诃夫是俄国现实主义作家，一生著作颇丰，他的短篇小说创作成就最高。

1860年1月29日，安东·巴甫洛维奇·契诃夫生于俄国南部亚速海边的塔甘罗格市。幼时契诃夫就在父亲的小杂货店里当学徒招待顾客，一有差错，就会招来父亲的打骂。儿时的这段痛苦经历，磨炼出他坚强不屈、不怕困难的性格。9岁的契诃夫进入塔甘罗格中学，枯燥的功课满足不了他的求知欲，他便找来屠格涅夫、塞万提斯等作家的作品如饥似渴地阅读起来，中学时代的生活培养了他对文学的浓厚兴趣。

19岁的契诃夫中学毕业后考进莫斯科大学医学系。他利用课余时间创作并发表了《小公务员之死》《老爷和小姐》等短篇小说，受到人们的欢迎。

19世纪90年代—20世纪初是契诃夫创作的鼎盛时期。当时俄国解放运动进入无产阶级革命的崭新阶段。在革命激昂情绪的激荡下，俄国人民民主精神渐趋活跃，契诃夫也积极投入社会活动中。

1890年4月—12月，契诃夫前往沙皇政府安置犯人的库页岛游历，在思想觉悟与创作意境上有了显著的提升。1898年12月17日，契诃夫的作品《海鸥》在莫斯科艺术剧院成功上演，这之后，他便开始了《万尼亚舅舅》的剧本创作。

随着20世纪初社会运动的不断高涨，契诃夫意识到一场强大的"暴风雨"即将降临，社会中的懒惰、冷漠等恶习将被一扫而光。

1904年7月15日，契诃夫因病在德国逝世，其遗体被运回莫斯科安葬。

文学家

名人故事
托尔斯泰

姓　　名：列夫·尼古拉耶维奇·托尔斯泰 ｜ 生卒年：1828年—1910年
出生地：俄国图拉省

快乐在于寻找真理，而不在于发现真理。

——托尔斯泰

列夫·托尔斯泰是19世纪俄国最伟大的作家。他于1828年9月9日（俄历8月28日）出生于图拉省的一个伯爵家庭。托尔斯泰幼年活泼顽皮而又敏感、富于幻想，但不幸的是父母过早去世。父母死后，他们兄妹由姑姑抚养成人。生活的苦难对他产生了巨大的影响。1844年他进入喀山大学，受到卢梭、孟德斯鸠等启蒙思想家的影响，1847年退学回乡，开始了系统地自学，并在自己的领地上进行改革农奴制的尝试。1851年—1854年，他在高加索军队中服役并开始创作；1854年—1855年，参加了克里米亚战争。几年的军旅生活不仅使他看到上流社会的腐败，也为以后在其巨著《战争与和平》中能够逼真地描绘战争场面打下了基础。1855年11月，他回到圣彼得堡，进入文学界，成为文坛新秀，受到了屠格涅夫等人的器重。其成名作——自传体小说《童年》《少年》和《青年》，集中体现了他对贵族生活的批判态度、"道德自我修养"的主张和擅长心理分析的特色。从中篇小说《一个地主的

早晨》之中，可以看到他站在自由主义贵族立场，主张自上而下的改革，在自己庄园试验失败的过程也体现了他心灵探索的历程和思想的进一步发展。

1863年—1869年，托尔斯泰创作了长篇历史小说《战争与和平》，这是其创作历程的第一个里程碑。小说以四大家族为主线，展现了当时俄国从城市到乡村的广阔的社会生活画面，反映了1805年—1820年发生的一系列重大历史事件，歌颂了俄国人民的爱国热忱和斗争精神，主要探讨了俄国的前途和命运，特别是贵族的地位和出路问题。小说结构宏大，人物众多，典型形象鲜活饱满，是一部具有史诗特色的鸿篇巨制，这部小说为他赢得了世界文豪的声誉。

1873年—1877年，他完成了其第二部里程碑式巨著《安娜·卡列尼娜》，以乡村生活为背景，反映农奴制改革后的社会关系，小说艺术炉火纯青。

19世纪70年代末，托尔斯泰的世界观发生巨变，写成了《忏悔录》。19世纪80年代他创作了剧本《黑暗的势力》《教育的果实》，中篇小说《伊凡·伊里奇之死》《克莱采奏鸣曲》《哈泽·穆拉特》，短篇小说《舞会之后》。特别是1889年—1899年创作的长篇小说《复活》，是他长期以来对思想、艺术探索的总结，通过对主人公卡秋莎和聂赫留朵夫爱情经历的描写，深刻揭示了专制和压迫的社会制度，从而成为对俄国社会批判最全面、深刻、有力的一部著作，成为世界文学不朽名著之一。

托尔斯泰晚年力求过简朴的平民生活，但精神却始终处在极端苦闷之中。1910年10月托尔斯泰从家中出走，11月20日病逝于一个小站，享年82岁。

文学家

名人故事
马克·吐温

姓　　名：马克·吐温｜生卒年：1835年—1910年
出生地：美国密苏里州佛罗里达｜品　　质：正直谦虚。

马克·吐温，近代幽默文学的泰斗！代表美国文学的世界一流作家！他是怀有赤子之心的顽童，亦是仗义执剑的骑士！

马克·吐温于1835年11月30日出生在美国密苏里州的佛罗里达，父亲是个为人正直谦虚的乡村律师和店主，母亲乐观豁达，待人友善。马克·吐温4岁时被送进学校学习，他聪明好学，学习成绩一直很好。但他渐渐对枯燥的学校生活产生了反感，经常逃学去游泳或滑冰，有几次差点因游泳丧命。12岁时，父亲去世，一家人的生活陷入困境。退学后的马克·吐温开始了独立的劳动生活，先后当过印刷厂学徒，送报员、排字工、领航员。"马克·吐温"是水手术语，意为"水深12英尺，船可以安全通过"。14岁时他在街上捡到了印有约翰生平的纸片，这使马克·吐温对名人传记产生了极大的兴趣，这张小纸片改变了他的命运。此后他在繁重紧张的工作间隙抽出时间学习知识，并进行创作。1862年，他被聘为《事业报》记者，1864年在《晨报》当记者，从此走上文学创作之路。在他创作的众多优秀小说之中，《哈克贝利·费恩历险记》

马克·吐温原名萨缪尔·兰亨·克莱门斯

独具特色。

《哈克贝利·费恩历险记》是世界上最受欢迎的名著之一，而文中的主人公哈克贝利·费恩已经成为美国民族性格的象征。

作品以白人少年哈克和黑人奴隶吉姆结伴出逃寻找自由为线索，记叙了他们历险的全过程，尽情描写了密西西比如诗如画的美景，酣畅淋漓地展现了沿岸广大地区的风土人情和社会风貌，精心刻画了哈克和吉姆这两个鲜活生动的人物形象。活泼好动的哈克不喜欢呆板的教育方式和粗俗沉闷的小镇生活，一心想挣脱束缚，去山林荒岛过自由的生活。他对黑奴吉姆的不幸遭遇深感同情，一路上凭自己的机智聪慧和勇敢无畏，克服重重困难，让吉姆重获自由。

作品的中心主题是反对种族歧视和压迫。从黑奴吉姆身上体现出来的善良、忠诚和富有人性，以及他同白人少年哈克的深厚情谊，表明黑人同白人一样高贵、仁义。吉姆最终获得自由显示出作者对借助资产阶级的仁慈解放黑奴的前景充满信心。《哈克贝利·费恩历险记》以儿童第一人称的立场记人叙事，真实亲切，情节曲折，笔调幽默，妙趣横生。

马克·吐温这位从美国民间幽默的土壤上崛起的作家，以他一贯幽默而不乏讽刺的笔法，创作了《卡拉维拉斯县著名的跳蛙》《傻瓜威尔逊》《汤姆·索亚历险记》《哈克贝利·费恩历险记》和《百万英镑》等一系列脍炙人口的作品，写尽了美国一个时代的民间风情和世俗百态，展现了"美国民族之魂"。马克·吐温也因此被誉为"美国文学史上的林肯"。1907年以后马克·吐温开始撰写自传，于1910年4月21日病逝，享年75岁。

文学家

名人故事
泰戈尔

姓　名：罗宾德·拉纳德·泰戈尔 | 生卒年：1861年—1941年
出生地：印度加尔各答市

知识是智慧的结晶，文化是宝石放出的光泽。

——泰戈尔

1861年5月7日，罗宾德·拉纳德·泰戈尔出生在印度加尔各答市一个富有的贵族世家。他的父亲和哥哥、姐姐都是社会名流。尤其是父亲，热心社会活动，终生致力于哲学和宗教的研究，热爱自然，对他影响很大。泰戈尔在这样一个开明自由、充满艺术氛围而又井然有序的环境熏陶下健康地成长。泰戈尔曾先后被送进四所学校学习，都因他厌恶学校的教学方法而辍学。父亲为他请了两位最有名的老师，教他文学、哲学、英语、数学、音乐和摔跤。老师要求严格，使他掌握了各种知识，又增强了体魄。才华横溢的泰戈尔从此就走上了文学创作的道路。1878年，泰戈尔去英国伦敦大学学习法律，次年回国。在归国五年内出版了诗集《暮歌》《晨歌》和《画与歌》，戏剧《大自然的报复》，以及长篇小说《王后市场》和《圣哲国王》等。1890年出版诗集《心中

泰戈尔与友人的会面（左为天文学家、人道主义者卡雷尔）

的向往》。

　　泰戈尔有着强烈的爱国主义热忱，他对于处在帝国主义侵略和压迫下的各国人民寄予了深切的同情，并给予有力的支持。20世纪30至40年代，当德、意、日法西斯发动侵略战争的时候，泰戈尔写下了一些重要的政治抒情诗表示抗议。

　　这位举世闻名、多才多艺的作家，在其漫长的创作生涯里，共写了五十多部诗集，12部中长篇小说，一百余篇短篇小说，二十多个剧本和许多有关文学、哲学、政治的论文以及回忆录、游记、书简等。泰戈尔于1910年出版了著名诗集《吉檀迦利》，"吉檀迦利"就是"献诗"的意思。1912年泰戈尔自己把《吉檀迦利》译成英文，并于1913年获得了诺贝尔文学奖。《新月集》是诗人泰戈尔历经人世沧桑之后，从睿智洁净的心灵唱出的天真的儿歌，诗人熔铸儿时的经验，借助儿童的目光，营造了一个晶莹的童话世界；而深刻的哲理，则时时从童稚的话语和天真的画面中流露出来。

　　他一生共创作了两千余首激动人心、优美动听的歌曲。其中有不少他在印度民族解放运动时期创作的热情洋溢的爱国歌曲，《人民的意志》这首歌于1950年被定为印度国歌。泰戈尔丰硕的创作成果，为世界文学艺术宝库增添了无穷的魅力。

　　1941年8月7日泰戈尔在加尔各答逝世。

文学家

名人故事
海明威

姓　名：厄内斯特·海明威｜生卒年：1899年—1961年
出生地：美国芝加哥市橡树园镇

　　一切优秀的书籍，都具有一个共同点：当你读完它时，会感到书中描述的一切，你已亲身体验过，因而它将永远铭记在你的心中……
　　　　　　　　　　　　　　　　　　　　　——海明威

　　海明威，美国著名"硬汉"作家，被誉为"现代小说之父"。1899年7月21日生于美国伊利诺伊州芝加哥郊外的橡树园小镇。父亲是医生，喜欢打猎和钓鱼，母亲爱好艺术。受家庭的教育和熏陶，海明威也喜好打猎、艺术和旅行。他从小就十分好学，尤其酷爱读书，因为没钱买，他便编造各种悲惨的身世和经历，博得好心的书店老板的同情和信任，把书借给他。这种文学知识的积累为他以后的创作奠定了良好的基础。

　　海明威上学时爱好拳击，初练时常被打得直流鼻血，但他从不放弃，第二天再来，这也是他性格特征中最突出的一个方面。

　　海明威中学毕业后在一家报社当记者。第一次世界大战期间他赴意大利参加救护工作，在前线负伤。1919年回国以后开始了他的写作生涯。海明威的初期作品有《三个短篇和十首诗》《在我们的时代里》等，虽然销路不佳，但却以其独特的风格引起评论界的重视。

　　1926年，海明威的重要长篇小说《太阳照样升起》出版。由于小说写出了青年一代的失望情绪，被称为"迷惘的一代"的代表作。1929年9月，海明威的著名长篇小

海明威（右）

95

说《永别了，武器》问世。在书中他把人比作"着了火的木头上的蚂蚁"，以此来说明人在战争中的无能为力。1932年他发表小说《舞后之死》，1936年又发表了小说《乞力马扎罗的雪》。1937年，海明威以战地记者的身份赴西班牙报道反法西斯战争。不久，他写出了题为《丧钟为谁而鸣》的长篇小说。1952年他的中篇小说《老人与海》问世，小说以呼唤人们勇敢地面对失败为主题思想，引起国际社会的强烈反响，被公认为是他最伟大的作品，获得了1953年度美国普利策文学奖。1954年，瑞典文学院因海明威"精通现代叙事艺术"而授予他诺贝尔文学奖。

　　海明威在其近40年的创作中形成了独特的思想和艺术风格，他的长篇小说《永别了，武器》和《丧钟为谁而鸣》成为世界文学宝库中的经典之作。他的作品文字简洁凝练，以"电报式"的风格著称于世。他是开创一代新风的语言大师。

　　海明威成长的时代，正是资本主义日趋没落的年代。这种时代的特点，使海明威的思想处于一种复杂而又矛盾的状态。他既看见了资本主义世界的解体和所谓西方文明的堕落，但又不能从自己狭窄的视野中找到出路，因此感到前方一片迷茫。困惑中的海明威于1961年7月2日用猎枪结束了自己的生命，享年62岁。

中外名人故事全知道
ZHONGWAI MINGREN GUSHI QUANZHIDAO

艺术家

名人故事
齐白石

姓　　名：原名纯芝，字渭清，号白石 | 生卒年：1864年—1957年
出生地：湖南湘潭

为万虫写照，为百鸟张神，要自己画出自己的面目。

——齐白石

齐白石于1864年11月出生于湖南湘潭白石铺乡的一个农民之家。16岁，齐白石开始师从刻花木匠，希望能掌握一门手艺以便谋生。渐渐地，他对雕刻产生了极大的兴趣，经常描画钻研到深夜。20岁那年，他在做活时意外地发现了一套康熙年间刻印的《芥子园画谱》，立刻爱不释手，齐白石如饥似渴地用了半年时间将其全部临摹下来，并且反复临摹积累了上千张手稿。在这一时期，没有名师指点，一切都是他自己独立完成的，这些经历为他以后的创作奠定了坚实的基础。

1889年的一次偶然的机会，齐白石认识了颇有才学的私塾先生胡沁园和陈少蕃。在他们的指导和启发下，齐白石开始了他的读书、绘画的艺术生涯。经过几年勤奋努力，齐白石不仅在绘画技艺上有了很大的提高，并在传统绘画基础之上创造了一些新技法，创作了大量富有诗情画意的作品。三十多岁时，齐白石把书画功夫相结合，开始苦练治印。他拜著名治印家黎松安、黎铁安为师，结合雕花手法，加上他的领悟和巧手，刻印技艺渐渐自成一家。

1902年，年近40岁的齐白石开始游历大江南北、名山大川，了解当地的风土人情，创作了为数众多的速写作品，同时结识拜访了许多有真才实学的画界名人，鉴赏临摹了许多秘籍、名画、书法、碑拓等艺术作品。这些大大开阔了他的胸怀，也提高了他的审美能力和鉴赏能力，使他渐渐步入文人画师的行列。

1909年暮秋，齐白石回到故乡，购置了一所房子，取名"寄萍

艺术家

堂"，在这里，齐白石总结了多年游历的心得，细细钻研揣摩，有所体味就泼墨成画。他每天除坚持作画外，还用功苦读诗词，从各方面增强自己的修养。通过10年的刻苦磨砺，齐白石终于形成了他所独有的朴实、自然的创作风格。

1919年初春，齐白石为避战乱定居北平。刚刚到北平时，因自己的画无人问津，齐白石只能靠治印为生，生活极为贫困。但他没有气馁，还在不断地观摩学习名家之画，从中吸取营养，特别是黄宾虹的画，对他启发很大。后来他创造了中国画工笔草虫和现实写意花卉相结合的特殊风格，他的作品终于得到了陈师曾等人的欣赏。齐白石在他们的提携下名声大噪。

60岁以后，齐白石的画风遽变，重视创新，融合了传统写意画和民间绘画的表现手法，形成了独特的艺术风格。他尤其擅长画花鸟虫鱼，笔墨纵横雄健，造型质朴，色彩鲜明。他一生画虾，不断追求艺术妙境，到晚年才真正达到了炉火纯青的地步。对画技他曾说过一句话"妙在似与不似之间"，成为当时传诵的名言。

80岁前后，齐白石治印的篆法、章法、刀法都表现出了鲜明的特色，被誉为"印坛泰斗"。他的画作造型简括，神态生动，笔力雄健，墨色强烈，书与印苍劲豪迈，刀笔泼辣，神奇趣逸。他将画、印、诗、书熔为一炉，把中国传统艺术水平提升到一个新的高度。新中国成立后，齐白石曾任中国美术协会主席，被誉为"人民艺术家"。1957年9月16日，齐白石逝世于北京，享年93岁。1963年，他被选为世界十大文化名人。

名人故事
梅兰芳

姓　　名：梅兰芳｜生卒年：1894年—1961年
出生地：北京｜品　质：练功刻苦、有高尚的民族气节。

那冰轮离海岛，乾坤分外明，皓月当空，恰便似嫦娥离月宫，奴似嫦娥离月宫。

——梅兰芳

梅兰芳1894年2月2日出生于北京城内一个京剧世家。他自幼父母双亡，由伯父抚养成人。1901年，7岁的梅兰芳开始学戏。

1912年，18岁的梅兰芳随京剧大师王凤卿首次到上海演出，并取得很大成功。

梅兰芳曾多次拜师学艺，戏路很宽，不仅精通青衣、花旦、刀马旦的旦行表演艺术，还掌握了生行等其他行当的表演技巧，经过充分挖掘和潜心钻研，在他身上逐渐形成了自己艺术上的流派——梅派。1921年组建"崇林社"的时候，他已和京剧大师杨小楼齐名。同时，梅派艺术也进入了新阶段。

梅兰芳的"舞"出神入化，形态逼真，在演《长恨歌》时，他的舞就是全剧的高潮。梅兰芳的京剧唱腔，从朴素的"情"过渡到华丽的"文"，努力使唱词文字典雅绚丽，并在曲调上引入了昆曲，加以变通，形成了他独有的唱腔特点。1936年梅兰芳通过学习，掌握了如何用气、换气、提气、偷气等功夫。他对气的理解和运用已经达到了臻于完

艺术家

美的神奇境界。

梅兰芳通过谭鑫培和杨小楼两位前辈的指点，加之自己的天赋和勤奋，取得了辉煌的艺术成就。梅兰芳在"四大名旦"中自始至终占据着领衔的位置。

1930年，梅兰芳率团访问美国。归来后，地位和名声便不断提高，1933年他被戏迷称为"伶界大王"，被捧为梨园界的代表人物。之后，他不得不与政界、商界、军界乃至洋人周旋。因看不惯官场中的阿谀奉承和尔虞我诈，毅然离开北平，南迁至上海。

梅兰芳精通旦行表演艺术，形成独具特色的流派——梅派

1935年，梅兰芳访问苏联时，因坐火车须经过伪满洲国，他宁愿长途奔波坐船到苏联也不坐火车，体现了他崇高的民族气节。

在上海，恰逢日本大举入侵中国。梅兰芳不甘做亡国奴，无可奈何之际，他想自杀却又不忍，想归隐又不能。两难之际，日本侵略者用金钱利诱他为日本人唱戏，梅兰芳发誓赶不走日本人决不上舞台，并蓄须明志。1945年8月15日听到日本投降的消息后，他立即刮去了长长的胡须，当众宣布将重返京剧舞台。

1949年，梅兰芳应第一届文代会的邀请，又一次回到了故乡——北平。

新中国成立后，梅兰芳受到党和政府的重视，继续活跃在戏剧舞台上。

1959年，梅兰芳剧团成立。

梅兰芳努力让自己成为毛主席所倡导的"完全彻底为人民服务"的人，他常告诫自己：生出"不满足"，可；生出"不满意"，则坚决不可。

1961年8月8日，梅兰芳逝世，享年67岁。他是京剧"四大名旦"之首，是旦角中"前无古人"的大家。

101

名人故事
徐悲鸿

姓　　名：徐悲鸿｜生卒年：1895年—1953年
出生地：江苏宜兴｜品　　质：聪明好学、经历坎坷、热爱祖国。

主张"古法之佳者守之，垂绝者继之，不佳者改之，未足者增之，西方绘画可采入者融之"。继承我国绘画优秀传统，吸取西画之长，创造自己独特风格。

1895年，徐悲鸿出生在江苏省宜兴亭桥镇。他自幼便显露出绘画的天赋，9岁起随父亲学画，在父亲的严格要求下，他在绘画方面打下了坚实的基础。

1908年，家乡水灾，13岁的徐悲鸿随父亲去异乡卖画谋生。父亲病逝后，他挑起养家重担，1914年赴上海谋职，却无功而返，直至1916年，他的生活才渐渐安定下来。

1920年，徐悲鸿考入法国巴黎高等美术学校，1927年结束留学生涯回到上海，成为当时美术界最有影响力的人物。他大力倡导用"写实主义"改造中国画界旧有的面貌。特别是他的"素描是一切造型艺术的基础"论，在画史上产生了划时代的影响。这宣布了从顾恺之到任伯年一千多年间勾线填色彩的作图形式的基本结束和一代新形式国画的诞生。

抗战期间，徐悲鸿心系祖国安危，创作了巨幅油画《田横五百士》《愚公移山》，歌颂了战士们威武不能屈的民族精神，鼓舞人民在艰苦的条件下坚持斗争。1932年"一·二八"事变发生后，驻沪十九路军英勇抗战，徐悲鸿激情满怀，作国画《雄鸡》，落款"雄鸡一唱天下白"，以此鼓舞士气。

新中国成立后，1950年，徐悲鸿担任中央美术学院院长。
1953年，徐悲鸿病逝于北京医院，享年58岁。

艺术家

名人故事
达·芬奇

姓　名：列奥纳多·达·芬奇 | 生卒年：1452年—1519年
出生地：意大利佛罗伦萨 | 品　质：聪明刻苦。

趁年轻少壮去探求知识吧！它将弥补老年带来的亏损。智慧乃是老年的精神养料，所以年轻时应该努力，这样年老时才不致空虚。

——达·芬奇

　　1452年，达·芬奇出生在意大利佛罗伦萨附近的芬奇镇，出生不久，母亲便被父亲遗弃，于是母亲把他交给了祖父母抚养，达·芬奇从小便和祖父母生活在一起。7岁时，他被送进教堂学校读书。孩提时代的达·芬奇就聪明伶俐、勤奋好学、兴趣广泛，尤其喜爱绘画，常为邻里们画画，有"绘画神童"的美称。

　　14岁时，他被送往佛罗伦萨，拜著名的艺术家维罗齐奥为师，开始系统地学习造型艺术。维罗齐奥对学生要求很严格，有自己独特的一套训练方法。他既不向达·芬奇传授绘画理论和技巧，也不让他进行临摹，而是让达·芬奇画鸡蛋。开始几天，达·芬奇画了几张，可老师仍让他继续画蛋。他终于没有耐心了，认为老师不想认真教他。老师看出了他的心思，对他说："世上没有完全相同的蛋。即使是同一个蛋，由于观察角度不

103

同,光线不同,它的形状也不一样啊。"达·芬奇这才恍然大悟,明白老师是在培养他的观察能力和把握形象的能力。于是,他便开始勤练基本功,学习各类艺术与科学知识。为他以后取得卓越的成就打下了坚实的基础。

经过不断地学习和努力,到20岁时,达·芬奇在艺术上已取得了很大的成绩,成为公认的画家。在他的早期作品中不仅体现了人文主义思想,还形成了独特的个人艺术风格。在当时,绘画的选题和表现手法都受到封建社会的限制,但达·芬奇的思想不受其约束,崇尚解放与自由。

达·芬奇一生在绘画上孜孜不倦地追求,为我们留下了许多名垂千古的杰作。他的壁画《最后的晚餐》、祭坛画《岩间圣母》和肖像画《蒙娜丽莎》都是世界艺术宝库中的珍品。

达·芬奇道德高尚,举止文雅。他的天分表现在多方面。作为哲学家,他认为知识来源于实践,必须从实践出发,通过实践去探索科学的奥秘。这一理论,后来得到了伽利略的进一步肯定,并由英国哲学家培根从理论上加以总结,成为近代自然科学的最基本方法。在天文学上,达·芬奇否定了传统的"地球中心说"。他在解剖学和生理学上也取得了巨大的成就,被认为是近代生理解剖学的始祖。他的研究和发明还涉及军事和机械方面,并在数学领域和水利工程等方面贡献巨大。他通过深入观察,模仿鸟的翅膀设计了一个类似于飞机的飞行机械。他还设计了纺车、机床、冲床,最早提出了地质学的概念。他的科学实践为以后的科学发展提供了思想源泉。他出众的才华和永不满足的探索精神不断地激励着后人向更高的目标奋进。可以说,达·芬奇是世界上少有的全面发展而且成就突出的学者。

达·芬奇的晚年是在漂泊中度过的。1517年,他离开意大利寄居法国。1519年5月2日,达·芬奇在法国与世长辞,享年67岁。

艺术家

名人故事
米开朗琪罗

姓　　名：米开朗琪罗·波纳罗蒂 | 生卒年：1475年—1564年
出生地：意大利佛罗伦萨

完美，是经过一系列恶心之后达到的。

——米开朗琪罗

米开朗琪罗于1475年3月6日出生于意大利佛罗伦萨的卡普莱斯镇。正如恩格斯曾经指出的，那是一个"需要巨人而产生巨人"的时代，米开朗琪罗就是这个时代孕育出的伟大巨人。

米开朗琪罗是一个旷世奇才，他出生后就被寄养在一个勤劳而善良的石匠家里。在那里他受到了最初的艺术启蒙，这种熏陶使他自然地拿起了铁锤和凿子。6岁时，父亲把他送进一所拉丁语学校接受系统的教育。米开朗琪罗特别喜欢画画，但他的父亲觉得雕石画画是低贱的事，常常对他进行阻止、谩骂，甚至毒打。他顽强地抗争着。13岁那年，为了自己的爱好，他毅然离家出走，到佛罗伦萨师从著名画家基兰达约，开始专门学习画画。1489年，他又进入一所雕刻学校潜心学习雕刻，接受了严格的训练和先进的人文主义思想熏陶，开始了自己的创作生涯，并取得了巨大成功。

1498年—1500年，米开朗琪罗创作《哀悼基督》并一举成名。1501年他回

105

到故土，创作了《大卫》，艺术风格日趋成熟。然而专横残暴的罗马教皇朱里奥二世强令他为教会无偿服务。从此以后，米开朗琪罗开始了屈辱痛苦的生活。但他的艺术思想和创作风格始终没有改变。他把一生的坎坷和不幸，内心的痛苦与挣扎，人世间的悲伤和不平，都凝聚在手中的画笔和雕刻刀上，用艺术的语言真切地表达出了他内心的感受。

1508年，米开朗琪罗接受了为罗马西斯廷教堂天花板绘画的任务。屋顶的面积有300平方米，二十多米高，人物343个，在此之前还从未有人画过如此宏伟的壁画。

米开朗琪罗在绘画时常常要爬上很高的脚手架，仰着脖子，弯着腰，艰难地在天花板上绘画，一干就是几个小时。就这样，他花了整整4年零3个月的时间完成了这幅轰动意大利的巨型壁画。

1524年，他创作了《昼》与《夜》、《旦》与《夕》两组象征性雕塑，1542年创作完成了巨画《最后的审判》。16世纪40年代后期，他设计了罗马的法尔涅塞宫，还负责圣彼得大教堂的建造，成就突出。

1564年2月18日，米开朗琪罗在工作室逝世，享年89岁。

米开朗琪罗的艺术与达·芬奇有着截然不同之处。达·芬奇的作品饱含科学精神和哲学思考，而米开朗琪罗的作品则倾注了极大的悲剧性激情。他以宏壮瑰丽的形式将其内涵表现得淋漓尽致，他塑造的英雄形象是理想与现实的完美结合。这一切都将米开朗琪罗的艺术推向了西方美术史的巅峰。

艺术家

名人故事
莫扎特

姓　名：沃尔夫冈·阿马德乌斯·莫扎特 | 生卒年：1756年—1791年
出生地：奥地利维也纳市萨尔茨堡

奥地利作曲家莫扎特是古典乐派最典型的作曲家，与海顿、贝多芬并称为维也纳古典乐派三大作曲家。

莫扎特于1756年1月27日出生于奥地利维也纳附近的萨尔茨堡，他的父亲在萨尔茨堡的大主教乐队担任小提琴手。小莫扎特自幼天资聪明，显露出超人才华，被誉为"音乐神童"。莫扎特3岁时就能在钢琴上弹奏他所听过的乐曲片段，5岁开始学作曲，6岁时就能即兴演奏，作品独具一格。

父亲发现儿子的音乐天赋后，便开始全力以赴地培养他，除了对莫扎特进行复杂的音乐理论与演奏技能的训练外，还让他学习多种外语以及文学和历史知识。为了开阔眼界以及获得皇家赏识，从1762年起，在父亲的带领下，6岁的莫扎特和11岁的姐姐玛丽安娜周游德、奥、法、英、意等国，开始了长达10年的旅行演出。莫扎特的音乐才能令人震惊，他的表演常令听众如痴如醉，所到之处无不引起巨大轰动。当他的父亲带他去拜见大诗人歌德时，歌德说："莫扎特是世界的第九大奇迹。"在英国演出时，莫扎特得到了当时著名的音乐大师的指导，同年他创作了一首交响乐和几首奏鸣曲。11岁时，莫扎特创作了最初的歌剧《装痴作傻》，14岁时，他为意大利米兰歌剧院创作歌剧并亲自担任指挥，当时观众们激动地高呼："小音乐家万岁！"同年，他获得鲍伦亚学院院士称号，被罗马教皇授予了"金距轮"奖章。

1772年，16岁的莫扎特结束游历生活，回到了家乡萨尔茨堡，在大主教的宫廷乐队里担任首席乐师。由于难以忍受大主教的专横，莫扎特辞去了乐师职务，再次开始外出游历，希望能获得改变命运的

莫扎特画像

机会。但是，现实使他再次回到家乡，回到了大主教的宫廷里，大主教更加刻薄地对待他。虽然这段时间莫扎特的生活充满艰辛，但是他写了许多交响乐、协奏曲和歌剧。1781年，他终于与大主教决裂。1782年，莫扎特与康斯坦斯在维也纳结婚定居，开始了独立自主的艺术生涯。莫扎特虽然越来越出名，但却越来越穷，有时甚至连吃饭都成问题，经常要向人借钱。在寒冷的冬天，莫扎特买不起取暖的木炭，夫妻二人不得不以跳舞来取暖。尽管生活贫困，他却把更多的激情注入音乐中，创作出许多优秀的作品。

莫扎特在维也纳的最后10年，是他进行音乐创作的最重要时期。在这最后的10年里，莫扎特写下了自己最辉煌的作品，包括著名歌剧《费加罗的婚礼》《魔笛》，第三十九、四十、四十一交响曲等世界著名作品。

1791年12月6日凌晨，莫扎特默吟着自己心爱的歌剧《魔笛》的旋律，在音乐的环绕下闭上了眼睛，年仅35岁。他在短短的一生中，创作出数量惊人的音乐瑰宝：歌剧22部，交响曲41部，钢琴协奏曲27部，小提琴协奏曲6部。他的音乐被人们称为"永恒的阳光"，因为他的音乐带给人们的是一种纯真与美好。

艺术家

名人故事
贝多芬

姓　　名：路德维希·凡·贝多芬｜生卒年：1770 年—1827 年
出生地：德国波恩市｜品　质：聪明好学。

音乐应当使人类的精神爆发出火花。

——贝多芬

贝多芬于 1770 年 12 月 16 日出生在德国波恩市的一个音乐世家。他从小就表现出了非凡的音乐天赋。3 岁时，贝多芬随父亲进入乐团学习演奏钢琴和提琴等乐器。8 岁时，他便随父亲到科隆和鹿特丹巡回演出。之后他遇到了一位热心肠的好老师，于是开始学习创作钢琴奏鸣曲。在老师的精心指导下，1783 年，贝多芬发表了他的三首奏鸣曲，并获得了成功。贝多芬年轻时访问过维也纳，在那儿结识了莫扎特。他曾打算拜莫扎特为师学习作曲，但是却接到母亲病重的消息，于是匆忙赶回家，一直守护在母亲的身旁，直到母亲去世。1792 年，贝多芬返回维也纳并在此定居，师从海顿、申克等人。

在老师的指引和影响下，贝多芬一步步迈入了音乐的最高殿堂，不久就成为一名多产的作曲家，作品颇受欢迎。在创作上，他大胆创新，并发挥即兴演奏的优势，创作了一大批优秀的作品。

有一次，贝多芬与几个朋友到郊外散步，看到美丽的田野，翠绿的青山，蜿蜒的河流，他不禁陷入沉思。朋友们都有说有笑，他却一言不发。过了一段时间，他突然大喊："找到了！我找到了！"说完便狂奔回家。回到家以后，他立刻把刚才的自然美景用钢琴以音乐的形式弹奏出来。就这样，著名的《第四交响乐》诞生了。

1798 年，他的听觉开始衰退，经过多方治疗都不见好转，并且还日益恶化。1802 年—1815 年，他的失聪症不断加剧，因此深居简出，性格变得越来越孤僻。1801 年—1806 年，他遭遇了两次爱情失败，使他精神上深受打击，但这也促使他把更多的心血投入了艺术创

作中。

贝多芬谱写出大量的音乐作品，如 1804 年创作的《英雄交响曲》，1808 年创作的《命运交响曲》。1820 年后，饥饿、疾病使贝多芬完全耳聋。他不能再登台演出，性格变得更加孤独怪僻。他很少关注当时为观众喜闻乐见的音乐，而是投入了更大精力进行创作。他完成了第九号提琴奏鸣曲《克罗采》、第二十一号钢琴奏鸣曲《华德斯坦》、第二十三号钢琴奏鸣曲《热情》，歌剧《费黛里欧》、《第四号钢琴协奏曲》《D 大调小提琴协奏曲》、第六交响曲《田园》、第五钢琴协奏曲《皇帝》等不朽名作。

这位天才的作曲家在饱尝失聪的痛苦的同时，以一种超人的毅力继续创作，取得了令人难以置信的成就。1824 年，他完成了一生中最负盛名的《第九交响曲》。

晚年的贝多芬因耳聋不能与别人对话，只有靠一支笔、一个本子与别人交流。虽然这样，他仍然继续自己的创作生涯。1826 年，他一病不起。1827 年 3 月 26 日，贝多芬与世长辞，享年 57 岁。

艺术家

名人故事
罗 丹

姓　　名：弗朗索瓦·奥古斯特·雷诺·罗丹 | 生卒年：1840年—1917年
出生地：法国巴黎

罗丹在欧洲雕塑史上的地位，正如诗人但丁在欧洲文学史上的地位。罗丹和他的两个学生马约尔和布德尔，被誉为欧洲雕刻"三大支柱"。

罗丹是法国著名的雕塑家。对于现代人来说，他是古典主义时期的最后一位雕刻家，同时又是现代主义时期最初的一位雕刻家。可以说，罗丹用他不受传统束缚的创作精神，开启了现代主义时期的雕塑之门。

罗丹1840年11月12日出生于法国巴黎拉丁区的一个普通雇员家庭，自幼酷爱画画，而父亲却无意把他培养成一名艺术家，而是希望他学一门手艺来养家糊口。

5岁的罗丹，被父亲送进一所教会学校，由于他对课程毫无兴趣，功课很差。所以父亲把他送进伯父主持的学校，罗丹从此用心学画，四年后学成回家。1854年他又进入波提特设计学校学习，与雕刻结下不解之缘。1862年进入修道院，完成了院长艾马尔胸像。1875年，他到意大利旅行，细心研究了多纳太罗、米开朗琪罗等人的作品，深受他们的影响。

1876年至1877年间罗丹完成了雕塑《青铜时代》，他以不同寻

罗丹代表作《思想者》

111

常的现实主义和不受任何学院认可的虚构和理想化的方式，塑造了一个裸体少年的形象，并给作品赋予了普遍的含义——唤醒人类的思想。1879年罗丹完成了群雕《号召拿起武器进行斗争》。

罗丹的作品不矫揉造作，注重人体姿势的自然状态，并以创造性的态度去把握真实，表现丰富的动作与内心。

1880年，罗丹开始创作《地狱之门》。这项工程非常巨大，一直持续到1917年罗丹生命完结。罗丹作品中的人物反映出了宏大的思想和感情范畴，其中许多人物作品集中概括了对人类具有重要意义的现象。例如他的《思想者》完美地体现了人类的思想，《吻》以炽烈而纯真的形式表现爱情的深刻含义。

罗丹非常注重明暗效果在人体自然形态上富于变化的表现，也因此被称为雕塑中的"印象派"。1886年，罗丹为著名诗人雨果塑像。1893年，罗丹开始为法国大文豪巴尔扎克塑像。为此他长期深入研究有关巴尔扎克的所有资料，做了充足的准备工作。

罗丹一生创作十分丰富。1916年，他把自己的全部作品捐赠给国家，共有56尊大理石像、193尊石膏像、56尊铜像、200幅草图和素描、100尊赤土塑像。著名的作品有《青铜时代》《加莱义民》《雨果》《巴尔扎克》《痛苦》《哀愁》《思想者》《吻》《沉思》等。他还著有专著《艺术论》，在西方美术理论界占有重要地位。他的创作对欧洲近代雕塑的发展有着深远的影响。1917年11月7日，罗丹去世，享年77岁。

罗丹的一生备受世人的嘲讽与攻击，但他始终以崇高的人格面对一切阻挠，用不懈的努力坚持着自己的创作。罗丹开创了一个全新的艺术时代，他用全新的艺术手法，创作出无数饱含魅力的经典之作。罗丹的作品带给了人们美的享受，同时也启迪着人们不断去思考、去追寻……

名人故事
凡·高

姓　名：文森特·凡·高 | 生卒年：1853年—1890年
出生地：荷兰津德尔特 | 品　质：坚持自己的信念。

为了更有力地表现自我，我在色彩的运用上更为随心所欲。

——凡·高

凡·高1853年3月30日出生于荷兰北部的津德尔特村的牧师家庭，凡·高自幼性格孤僻，缄默木讷而又腼腆羞怯。他9岁时就显露出美术天赋，画过一些实物速写，并临摹石版画。他16岁完成学业后，便到古皮尔艺术公司当学徒，先后在该公司的海牙、布鲁塞尔、伦敦的分店和巴黎的总公司工作，耳濡目染，认识和欣赏能力逐步增强。按照父亲的要求，加上叔叔的劝说，凡·高于1878年到一个新教教会学校进行短期班培训，以后又来到了比利时南部博里纳日的矿区传教。不久他被教会解雇，继而在其兄弟泰奥的帮助下，开始学画，经过家人的鼓励和姐夫的指导，凡·高在绘画方面取得了一些进步。

贫困的生活将凡·高逼迫到生存的最底线，但他始终不改对艺术的痴迷与执着，他的一生没有为改变贫穷的命运而偏离过既定的轨道。他的早期画风深受荷兰传统绘画与法国现实主义画派的影响，注重写实。1886年凡·高来到巴黎，结识了大批知名印象主义画家，并接触到日本的浮世绘作品，视野大为开阔，作品色调也变得明亮起来。1887年，凡·高两次在劳工阶级的咖啡馆和饭馆展出自己的作品。不久，他厌倦了巴黎的生活，对印象主义和新印象主义的画风也有所怀疑。

1888年12月，凡·高因精神失常，割下自己的一只耳朵。他的病情时好时坏，于1889年夏到圣雷米精神病院休养。1890年5月出院，他途经巴黎，稍作休息后，迁居瓦兹河畔的欧韦，接受医生的监护，7月曾去巴黎探望泰奥一家，并会见图卢兹·洛特雷克。返回后因旧病复发，凡·高于7月27日开枪自杀，29日清晨离世。

他在印象主义和新印象主义影响下创作的风景画如《塞纳河滨》《带烟斗的人》等，是转折时期的作品。凡·高创作的成熟期是1888年到阿尔勒以后，他大胆地探索、自由地抒发内心的情感，追求线和色彩自身的表现力。这一年他创作了46幅画，凡·高一生共创作了八百多幅作品。阿尔勒时期的名作有《向日葵》《邮递员罗兰》《椅子和烟斗》《咖啡馆夜市》《抽着烟斗、包扎着耳朵的自画像》等。雷米时期和在瓦兹河畔欧韦创作的作品，著名的有《星光灿烂》《凡·高在阿尔勒的卧室》《加歇医生》《欧韦的教堂》等。

凡·高生前并未得到社会的真正承认。1888年，由于泰奥的帮助，他的三幅油画和数幅素描，才得以在独立沙龙展出。他生前只卖出一幅画，售价四英镑，所以一直过着贫苦的生活。而100年后凡·高的《向日葵》以4 200万美元的价格售出。后来，他的《蝴蝶花》在一次拍卖中，售价高达5 350万美元。这是我们迄今知道的艺术品的最高价之一。凡·高为人类留下的艺术珍品将永放光芒。

凡·高的油画作品《星夜》

艺术家

名人故事
毕加索

姓　名：巴布罗·路易兹·毕加索｜生卒年：1881年—1973年
出生地：西班牙马加拉省

> 我的每一幅画中都装有我的血，这就是我的画的含义。
> ——毕加索

毕加索于1881年10月25日出生在西班牙南部的马加拉省。他的父亲是位小有名气的画师，由于受父亲的影响和教育，毕加索从8岁就开始学习绘画，很早就显露出自己的才华。1895年毕加索随父母移居巴塞罗那，次年他以优异的成绩考入皇家艺术学院。此后，他出众的才华使他获得了不少赞誉。

1900年，毕加索在巴黎举办了首次画展，引起了法国绘画界的注意。1904年，毕加索定居巴黎。这一时期毕加索的画以蓝色为主，表达人的痛苦，他以独特的个人风格确立了他在绘画界的地位。在和女画家奥利维埃生活在一起以后，虽然生活依旧贫困，但毕加索作品的色调明快了许多，进入"粉红色时期"，以玫瑰红为主调。代表作有《沙蒂姆邦克一家》《站在球上的少女》《拿扇子的女人》等。1908年以后，毕加索开创了"立体主义"的绘画风格，代表作有《阿德尼翁姑娘》。他和另外一位法国画家布拉克画了许多风景和静物，为了追求形式上的奇异效果，他们用一种小平面来表现物体。在此后很长一段时间中，毕加索的画风不断发生变化，从立体主义到新古典主义，然后又变成了超现实主义。所以，在西方

毕加索作品

美术史上,他既是立体主义的创始人,又是新古典主义和超现实主义的主要代表。

1936年西班牙内战爆发后,毕加索积极参加反法西斯的社会活动,还把卖画所得的40万法郎全部捐给政府。1937年,德国法西斯对西班牙小镇格尔尼卡进行了长达三个多小时的空袭,将小镇夷为平地。毕加索闻讯后非常气愤,以这一事件为题材创作了他最著名的代表作——壁画《格尔尼卡》。这幅画的色调是黑、白、灰三色,结合立体主义、现实主义和超现实主义的风格表现痛苦、不幸和人性深处的兽性,以深刻的内涵表达了对法西斯暴行的强烈抗议。德军占领巴黎后,毕加索仍旧留在巴黎,闭门谢客,潜心作画。同时,他积极参加反法西斯战争,以自己的画笔控诉法西斯的暴行。1944年巴黎解放后,毕加索举办了战时作品的大型展览,获得了极高的荣誉。战后,他又特意为世界和平大会画了著名的《和平鸽》。

毕加索的一生赢得了无数辉煌与喝彩。他是不断变化艺术手法的探求者,他将大多数画派的艺术手法与自己的创作风格相互融合从而创作出独具风格的艺术作品。而他在各种艺术手法的使用中又都能够达到完美的和谐与统一。在他的作品中,无论陶瓷、版画,还是雕刻都能看到有如童稚般游戏的独特意境。可以说,毕加索不愧为整个20世纪最具有影响力的现代派画家,他的成功是后人难以超越的。

1973年,毕加索因病逝世,享年92岁。

艺术家

名人故事
卓别林

姓　名：查尔斯·卓别林｜生卒年：1889年—1977年
出生地：英国伦敦｜品　质：聪明刻苦、百折不挠。

　　无论天资有多么高，他仍需学会技巧来发挥那些天资。

——卓别林

　　查尔斯·卓别林1889年4月16日出生于英国伦敦的一个贫民区。他的父母亲都是杂剧团的喜剧演员。

　　小卓别林长得聪明伶俐，非常喜欢唱歌跳舞。母亲每次演出都要把他带到剧院，让他站在舞台幕后观看演出。5岁时，他代替嗓子失声的母亲登台演出，并获得成功。后来，母亲患上了精神病，被送进精神病院。母亲病愈后，靠给人做针线活赚钱，并且把卓别林送进了学校。卓别林非常珍惜学习机会，他总是有一种冲动，要把自己的才能向同学们展示出来。可是好景不长，迫于生计，卓别林恋恋不舍地离开了他喜爱的学校。

　　卓别林一心向往当一名演员，并积极为此寻找机会。12岁时，他在一个巡回剧团找到了工作，扮演舞台剧的一个小角色，正式登台，开始了演艺生涯。长久以来的梦想终于实现。从此，他跟随戏剧团，过着漂泊的生活。

　　随后，他又在一个叫凯西的马戏团里做事。由于他对所刻画人物的深刻理解与表演技巧的娴熟，

卓别林剧照

很快赢得了老板与观众的欢迎。工作期间,他刻苦训练、精益求精,不断汲取古典幽默剧的优良传统,初步形成了一套独特的哑剧风格。

1907 年,卓别林被卡尔诺剧团录用,在《哑鸟》等剧中担任主角并获成功,从此声名大噪。卓别林经常随团到各地演出,因此有机会接触到更多的新鲜事物。

卓别林在纽约演出时,引起了好莱坞片商的注意。1913 年底,他和基斯顿公司签订了合同,正式成为该公司的主要演员。卓别林从此开始了他的银幕生涯。

卓别林在 1914 年拍了第一部电影《谋生》,并在一年内主演了 35 部短片,其中 21 部是他自编、自导的。他的流浪汉夏尔洛的形象赢得了观众的广泛认同。

很快,卓别林便轰动全球,成为家喻户晓的大明星。

1914 年,第一次世界大战爆发。卓别林决心揭露、抨击残害人民的各种邪恶势力。1915 年卓别林转入埃山奈公司,并拍摄了 15 部经典影片。他先后完成了社会讽刺片《安乐街》《移民》《狗的生涯》和《夏尔洛从军记》等影片,这些影片从不同角度揭露了战争给人们带来的灾难。他的影片短小精悍、妙趣横生。

此后,富有正义和社会责任感的卓别林拍摄了《淘金记》《大独裁者》《摩登时代》《凡尔杜先生》等优秀影片,以此来揭露黑暗现实。1952 年他因受麦卡锡主义迫害定居瑞士。

1954 年 5 月,在柏林召开的世界和平理事会宣布,颁发给他国际和平奖金。1972 年美国政府勉强更正了对他的裁决,同年他访问美国,并接受奥斯卡特别荣誉奖。

1977 年 12 月 25 日,卓别林与世长辞,享年 88 岁。

中外名人故事全知道
HONGWAI MINGREN GUSHI QUANZHIDAO

政治军事家

名人故事
孙 武

字　号：字长卿，誉称"兵圣"　｜　生卒年：公元前551年—公元前479年
出生地：齐国乐安（今山东惠民）

　　兵者，诡道也。故能而示之不能，用而示之不用，近而示之远，远而示之近。

——孙武

　　孙武约公元前551年生于齐国乐安。他的祖父、父亲都是齐国著名将领，从小便对其进行军事熏陶，孙武在青少年时期即注重学习军事知识，擅长击剑。约公元前532年，为避齐国之乱，他辗转来到吴国，在吴国军队中当过军校，参加过吴楚战争。不久因受伤退伍，隐居山村，潜心研究兵法，著书立说，以期大展宏图。

　　在隐居期间，孙武结识了楚国人伍子胥，伍子胥非常欣赏孙武的军事才能，于是两人成为非常亲密的朋友。

　　公元前514年，公子光用专诸刺杀吴王僚，取得王位，他就是吴王阖闾。阖闾起用伍子胥为大臣，并与百姓同甘共苦，广泛搜罗各种有用之才。伍子胥明白吴王心思，乘机向他推荐孙武，但并未引起阖闾足够的重视。

　　在以后不长的时间里，伍子胥先后7次向阖闾推荐孙武，并把他写的兵法逐篇向阖闾讲解。阖闾终于看到了孙武的才能，于是决定亲自召见孙武，并对他非常赏识，从宫中选派180名宫女，让孙武进行操练。

　　孙武把宫女们分成两队，让吴王最宠爱的两位美姬分别担任队长，发给每个宫女一支戟，然后教她们列队方法。在向宫女们交代明白以后，孙武开始击鼓操练。不料号令一出，宫女们未见过这些场面，根本不听号令，只觉有趣，笑成一团。孙武再三申告无效，为了严明军纪，于是下令将两名队长斩首。

政治军事家

　　在台上观阵的阖闾见状大惊，急忙派人求情，孙武不为所动，指出其中利害，遂把两名美姬推出斩首示众。然后，他任用每队中第二名宫女为队长，重新击鼓发令。宫女们才知军令如山，令行禁止都符合规定要求。

　　吴王阖闾为孙武杀了两个爱姬满腹怨气，在伍子胥的开导下，他认识到孙武是个不可多得的人才，于是命他为将军。吴军在孙武的严格训练下，很快成为一支纪律严明、训练有素的军队。

　　公元前512年秋天，孙武旗开得胜，与伍子胥一起领兵灭掉钟吾国和徐国。其后，孙武协助伍子胥提出"疲楚误楚"方针，几年间把楚国折腾得劳民伤财，丢城失地，十分被动。公元前506年，吴国联合唐、蔡征伐楚国，吴王阖闾亲自出马，孙武为将军，伍子胥为副将，率3万吴军大破20万楚军，五战五捷，一举攻下楚国都城郢。

　　公元前496年，阖闾伐越中箭身亡，其子夫差即位。孙武、伍子胥继续辅佐夫差励精图治、加紧备战，三年后大败越军。越王勾践仅剩5 000残兵败将逃到会稽山上，被迫向吴国求和。战败越国，夫差北上与齐晋争雄，于公元前482年在黄池（今河南封丘）与诸侯国会盟，取代晋国成为霸主。

　　公元前479年，孙武去世，葬于江苏吴县（今苏州）东门外。司马迁在《史记》中对他有高度的评价。

名人故事
秦始皇

姓　名：嬴政｜生卒年：公元前259年—公元前210年
出生地：邯郸｜品　质：富有谋略、专制暴虐。

及至始皇，奋六世之余烈，振长策而御宇内，吞二周而亡诸侯，履至尊而制六合，执敲扑而鞭笞天下，威振四海。

——贾谊《过秦论》

秦始皇，姓嬴，名政，公元前259年生于赵国都城邯郸。当时秦、赵两国正在交兵，他的父亲异人作为人质被扣押在赵国，处境相当危险。公元前257年，赵国战败，想杀掉异人，异人在富商吕不韦的帮助下逃回秦国。赵王盛怒，要杀赵姬母子，赵姬怀抱嬴政藏了起来。风声过后，母子俩悄悄地回到了秦国。

在吕不韦的帮助下，异人回国后当上了太子，于公元前249年又继承了王位，即庄襄王。公元前247年，庄襄王因病身亡，年仅13岁的太子嬴政顺理成章地成为秦王。吕不韦被尊为相国，主持朝政，大权落入太后赵姬、吕不韦等人手中。

公元前239年，富有谋略的嬴政再也不甘心听任吕不韦的摆布，公元前238年，嬴政亲政后下令发兵镇压叛乱，并于次年借机解除了吕不韦的相国职位。

秦王嬴政安定了国内形势之后，开始进行统一六国的战争。他用贿赂、离间等手段，采取分化瓦解、各个击破的策略，破坏了六国合纵计谋，为横扫天下做好了准备。从公元前230年灭韩，到公元前221年灭齐，嬴政用了10年时间扫灭六

政治军事家

国，一统天下。

秦始皇结束了长期的封建割据局面，建立了中国历史上第一个多民族的中央集权的封建国家——秦。统一全国后，嬴政自称"始皇帝"，开始着手建立中央集权的政治体制。

秦始皇在中央设立三公九卿的统治机构，在地方实行郡县制，把全国分为36个郡，由中央直接管辖。

为了促进地区之间的经济文化交流，便于中央管理，秦始皇首先采取"书同文，车同轨"的措施。他通令全国上下，

秦始皇陵兵马俑

一律使用标准文字小篆和隶书，他还下令编写识字课本，在全国范围内推行。秦始皇又统一规定车轨一律为六尺宽，这样，车辆就可以在全国各地通行无阻。秦始皇统一了货币和度量衡，他还颁布诏书，废除六国旧制，把商鞅变法时确立的秦国度量衡标准推向全国。

中原地区稳定以后，秦始皇又着手巩固北部和南部的边防。公元前215年，秦始皇派蒙恬率兵北击匈奴，收复了河套地区。随后，他还把秦、赵、燕三国修筑的长城连接起来，建成了西起临洮、东至辽东的万里长城。

在南方，秦始皇征服了百越，设立了会稽郡。公元前214年，他又发兵攻占南越，设立西南三郡，从中原移民50万前去驻守。中原的先进文化和生产技术由此传播到南方，大大推动了南方经济文化的发展。

秦始皇是一个功勋卓越的政治家，对历史的发展做出了巨大的贡献。但是，在统治期间，他狂妄自大、专制暴虐，实行严刑苛法，租役繁重、大兴土木，繁重的徭役给人民带来了深重的苦难。公元前213年焚书坑儒还严重地摧残了中国的文化。

公元前210年7月，秦始皇病死在沙丘平台（今河北巨鹿境内），年仅51岁。

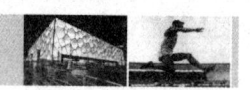

名人故事
曹 操

字　号：字孟德｜生卒年：公元 155 年—公元 220 年
出生地：沛国谯县｜品　质：心机极深、富有谋略。

神龟虽寿，犹有竟时；蛇乘雾，终为土灰。
老骥伏枥，志在千里；烈士暮年，壮心不已。

——曹操

　　曹操，三国时期政治家、军事家、诗人，公元 155 年生于沛国谯县（今安徽亳州）。曹操字孟德，小名阿瞒，自幼放荡顽劣，并富有胆量和心计。曹操少年时喜爱兵法，20 岁时被举为孝廉，不久被任命为洛阳北部尉，正式步入仕途。

　　东汉末年，朝廷腐败，奸臣当道，天下大乱，中原民众处于连年军阀混战之中，痛苦不堪。公元 190 年，曹操以讨伐董卓为名起兵，加入了争夺天下的行列。公元 191 年开始镇压黄巾军起义。公元 192 年，曹操占据兖州，收编黄巾军精锐队伍 30 万人，组成"青州兵"，从此有了逐鹿中原的资本。公元 196 年，曹操将汉献帝迎到许昌，"挟天子以令诸侯"，在政治上取得了主动。

　　为削平北方诸侯割据，曹操远交近攻，先消灭了势力较弱的吕布、张绣、袁术。公元 200 年，与袁绍双方在白马大战，袁绍兵败，损失大将颜良、文丑。袁绍大怒，调动十万大军向只有一两万人的曹操进

无锡三国城的曹操塑像

政治军事家

攻，两军对垒于官渡。曹操夜袭乌巢，火烧军粮而置袁绍于死地，袁绍手下的将军跟着又降了曹操，袁绍全军崩溃，仅带着800人逃回了河北。曹操凭官渡之战以弱胜强，打败了劲敌，为统一北方扫清了障碍。

公元207年，曹操消灭了袁绍的全部势力，夺得了青、幽、冀、并四州，统一了北方。

在统一北方的战争中，曹操在政治、经济上都采取了一些重大的措施。在用人方面，只要是有才能的人就选拔重用；法治方面，坚决执行严明的法律；经济上反对兼并土地，打击豪强地主，重视屯田和兴修水利，对中原地区的农业生产和社会进步起了很大的促进作用。曹操统一北方后，积极准备南征。

曹操《观沧海》书法

公元208年冬的赤壁之战，由于不习水战和瘟疫在军中流行，曹军被孙、刘联军击败。

赤壁之战战败后，曹操吸取教训，开始对外巩固边防，对内加强中央集权，稳定了人心。经过两年的整顿、发展，军力又得到了恢复和加强。公元210年—公元220年，曹操仍东征西讨，他击败马超，平定关西；收降张鲁，得了汉中，却不敢入四川攻伐刘备。他多次南征孙权，却都只是浅尝辄止。公元216年，曹操晋爵魏王，位极尊荣，与当皇帝差不多。公元220年，曹操因头风病死于洛阳，终年65岁。同年，他的儿子曹丕废掉汉献帝，自立为帝，国号魏，追尊曹操为魏武帝。

曹操不仅是一位杰出的军事家，在文学上，他又是一名出色的诗人。他的诗作都为乐府诗体，继承了四言诗和五言诗的传统。比较有名的作品如《短歌行》《步出夏门行》《观沧海》等，他的诗气韵沉雄，质朴苍凉，对此后的建安文学产生了深远的影响。

名人故事
诸葛亮

字　号：字孔明｜生卒年：公元181年—公元234年
出生地：琅玡阳都｜品　质：严肃、谨慎、思虑周密。

鞠躬尽瘁，死而后已。

——诸葛亮

诸葛亮于公元181年出生在琅玡阳都（今山东沂南南），其远祖诸葛丰是西汉元帝的司隶校尉，父亲做过郡丞。他自幼母亲病故，14岁那年，父亲也猝然离世，于是他便投奔叔父诸葛玄而居于隆中（今湖北襄阳）。早年的苦难生活，培养了诸葛亮成熟的个性。他严肃、谨慎而又注重礼节、思虑周密，自信心很强。诸葛亮喜欢读兵书，常自比管仲、乐毅，并立志要做个立功于疆场、富于谋略的武将。

17岁以后的10年间，诸葛亮一直在隆中过着晴耕雨读的生活。虽只是一介平民，但他却密切关注着天下大事，经常和石广元、徐元直、孟公威、崔州平等有才华的年轻人纵论天下兴衰。他还经常找当时颇有声望的大名士庞德公、司马徽、黄承彦等请教，庞德公曾称他为"卧龙"。

公元207年，颇有雄心的刘备驻兵新野，闻知诸葛亮之名，不计路途遥远，"三顾茅庐"请他出山。诸葛亮十分感动，比较客观地给刘备分析了当时割据势力、各方力量的对比和相互关系，在敌强我弱的情况下，为刘备提供了一个切实可行的战略决策：与孙权联合，先后占据荆、益二州，建立蜀国，安抚西部和南部的少数民族，广招人才，积聚力量，等待时机。一旦时机成熟，便分兵两

诸葛亮的《前出师表》

政治军事家

路，进军中原，消灭曹操，成就霸业。诸葛亮后来在《诫子书》中曾自述："非淡泊无以明志，非宁静无以致远。"正是由于诸葛亮有淡泊之志，也才具有了"士为知己者死"的高尚情操，所以他不辞危难辅佐刘备，把报答知遇之恩和匡救天下的抱负统一起来，选择了一条前途多艰的政治道路。

诸葛亮出山后，建议刘备在依附刘表的同时，设法扩大自己的实力，把荆州一带的无籍游民造册入籍，依户口选拔壮丁，使刘备的军队由几千人猛增至几万人。孙、刘双方共同努力，于公元208年在赤壁火烧了曹操军队，奠定了魏、蜀、吴三国鼎立的局面。赤壁之战后，诸葛亮辅佐刘备取得了荆、益二州和汉中等地，并于公元221年建立蜀汉政权，诸葛亮被任命为丞相。后来荆州失守，刘备伐吴大败，次年病危，于白帝城临死前托孤于诸葛亮，要他辅佐后主刘禅，实现未完之业。刘备死后，17岁的刘禅即位，将军国大权交于诸葛亮。诸葛亮加强了内部整顿，并派使者到东吴恢复两国联盟。他重视人才，严明执法，很快将蜀国稳定了下来。

诸葛亮为巩固蜀汉政权，还推行了屯田政策，他重视发展农业，注意水利建设，改善运输工具，保证了连年征战的蜀国粮食充足、库存丰裕、军器锐利。公元227年，诸葛亮向后主刘禅上《出师表》，请求征伐魏国，北定中原，恢复汉室。他为蜀汉事业鞠躬尽瘁，死而后已。

公元234年8月，诸葛亮在第五次北伐曹魏的征途中病逝于五丈原，年仅53岁。

127

名人故事
李世民

字　号：不详 | 生卒年：公元599年—公元649年
出生地：武功郡 | 品　质：聪明勤奋、胸怀大志。

　　以铜为镜，可以正衣冠；以古为镜，可以知兴替；以人为镜，可以明得失。君者，舟也；庶人者，水也。水能载舟，亦能覆舟。

——李世民

　　公元599年，李世民出生在武功郡。他自幼便聪颖伶俐，胸怀大志，具有非凡的气概和胆略。李世民的父亲李渊是唐朝的开国皇帝。公元615年，天灾人祸交加，隋朝的局势动荡不安，地方将领和豪杰纷纷起兵反叛。李世民向犹豫不决的父亲大胆进言，分析了形势，坚定了父亲起兵的决心。从中可见李世民在青少年时代就有非凡的气魄、胆量和智慧。

　　李家是陇西人，有鲜卑人的血统。公元617年5月，李渊在太原起兵。此时隋政权已经土崩瓦解，李渊让李建成指挥左路三军，李世民指挥右路三军，直捣首都长安。因关中空虚，11月李家便攻下长安。公元618年，李渊自立新朝，国号为唐，李渊即为唐高祖。当时天下大乱，群雄并起，年轻的李世民领兵出征，开始了统一之战。李世民采取了"先西后东"的战略方针，五年内取得了三大战役的胜利。经过七年不停征战，李世民率领唐军完成了统一天下的大业。

　　公元621年，李世民带着战功凯旋。可是，为了保住太子的地位，李建成和弟弟李元吉联合起来，对付李世民。于是，李世民

李世民画像

和李建成、李元吉两大集团之间发生了争夺皇位的殊死决斗。公元626年6月，李世民在长安玄武门设下伏兵，一举诛灭了李建成集团。同年，李渊退位，李世民即位，即为唐太宗。他大赦天下，全国免除赋税徭役一年。

盛唐时期出现了空前的繁荣

李世民用人以德才为标准，不分新人旧人和亲疏贵贱，只要有德有才，便人尽其才。李世民又是一个善于纳谏的君主，能随时用隋亡的教训来提醒自己。他对大臣们说，如果君主做事不对，就要勇于进言，促使其改正。

李世民还打破当时传统门第观念，继承隋朝的科举制度并进一步固定下来，使出身寒微而有才华的人能有机会报效国家。因此在他的周围集聚了大批德才出众的人物。他以人为镜明得失，更是成为千古美谈。

李世民从18岁开始征战四方，到27岁登上帝位，一直是在戎马倥偬的战场上度过的。为了唐王朝的江山永固，他登上帝位之后，不但自己手不释卷地读书学习，而且要求臣下和各级官吏也要认真读书，共同讨论研究治国之道。

李世民对贪官污吏十分痛恨，他以惩办和教育相结合的手段来整肃吏治，取得了良好的效果。李世民重视建立健全法律制度，特别强调谨慎而行。在贞观时期，执法机关能够严格依法办事，冤案数量明显减少。

李世民锐意开拓，攻破东突厥，平定高昌，并打击了西突厥，解除了数十年的边患，继汉武帝之后再次打通了西域的交通，促进了东西方之间的文化交流。他还采取了与各少数民族和亲的政策，使各民族能和睦相处。

公元649年，李世民在长安病逝，享年50岁。李世民在位的23年，政治开明，经济发展迅速，社会也比较安定，被后人称为"贞观之治"。

名人故事
林肯

姓　名：亚伯拉罕·林肯｜生卒年：1809年—1865年
出生地：美国肯塔基州哈丁县

> 不会被困难所吓倒，不会为成功所迷惑的人，他不屈不挠地迈向自己的伟大目标，而从不轻举妄动，他稳步向前，而从不倒退……总之，他是一位达到了伟大境界而仍然保持自己优良品质的罕有的人物。
> ——马克思

　　林肯1809年2月12日出生于美国肯塔基州哈丁县诺林溪边的一个拓荒者家庭里。由于家境贫寒，他没有接受过正式教育。但他从小勤奋好学，自学了丰富的知识。9岁时母亲离世，继母对他非常疼爱。16岁时，林肯第一次见识了外面的世界，他乘船顺着俄亥俄河进入密西西比河到了新奥尔良。黑奴的悲惨生活深深地刺痛了林肯，他暗下决心：一定要推翻蓄奴制度。

　　1830年，林肯随父母迁居伊利诺伊州后，开始了自力更生的生活，他做事认真，获得了"诚实的亚当"的美名。1832年，第一次竞选失败后，他成为助理土地测量员。他在1834年当选为伊利诺伊州议员，开始了他的政治生涯。两年后，获得了律师资格。1842年，林肯全面掌管辉格党并于当年11月4日和美丽的玛丽结婚，此后有了三个孩子。1847年他当选为国会议员。1854年，共和党成立，林肯旋即

政治军事家

加入了这个主张废除奴隶制的党派。1856年,他在共和党的第一次全国代表大会上被提名为副总统候选人。当时,美国南北两派围绕蓄奴制度的存废问题展开了激烈斗争,双方的矛盾冲突已经到了非常尖锐的地步。1858年,林肯在参加伊利诺伊州参议员竞选时,发表了一篇题为《裂开了的房子》的著名演说,他把美国南北两种制度(奴隶制度和资本主义制度)并存的局面比喻为"一幢裂开了的房子",并明确表达了希望维护国家统一的愿望。尽管这次竞选失败了,但这次极富魅力的演讲使他的名字传遍了全国。1860年11月6日,林肯当选为美国第十六任总统。

林肯的当选,对南方种植园主的利益构成了严重威胁。南方诸州叛乱,建立了自己的政权,并在1861年4月12日不宣而战,炮击了联邦政府军驻守的萨姆特要塞,美国内战开始了。由于南方叛乱者早有准备,北方军队都是临时招募的,所以北方军队在战争初期节节败退。林肯认识到,是废除奴隶制的时候了。1862年9月,林肯起草了《解放黑奴宣言》,并于1863年1月1日正式颁布,宣布废除叛乱各州的奴隶制,黑人奴隶获得人身自由并且允许黑人当兵。这个法案极大激发了人民的革命热情,成为北方军逆转战场形势的重要转折点。1864年11月,林肯再次当选总统。南方投降,历时四年的南北战争结束。

但是战争的胜利并没有消除蓄奴势力对林肯的仇视,1865年4月14日,林肯在华盛顿的福特剧院里看戏时,被南方奴隶主收买的一个枪手刺杀,次日上午去世,享年56岁。

131

名人故事
拿破仑

姓　　名：拿破仑·波拿巴｜生卒年：1769年—1821年
出生地：法国科西嘉岛

不想当将军的士兵不是好士兵。

——拿破仑

拿破仑于1769年8月15日出生在科西嘉岛的一个贵族家庭。他自幼性格倔强。1779年，拿破仑进入布里埃纳军校学习，成绩突出。15岁他进入巴黎陆军学校学习，深受法国启蒙思想的影响。

从巴黎陆军学校毕业后，16岁的拿破仑当上了一名炮兵少尉。1789年法国革命爆发，拿破仑有了展露才干的机会，次年他便被提升为上尉。1793年，拿破仑奉命参加土伦战役，任炮兵指挥，并晋升为上校。在拿破仑指挥下的炮兵部队攻占了土伦。从此拿破仑声名大噪，不久便被破格提升为准将。1795年，他的炮兵部队在巴黎再建奇功，仅以5 000人之力击溃了两万多名叛乱分子。之后，拿破仑被任命为法国"国防军"副司令。1799年，拿破仑从战场上悄然返回法国，发动了"雾月政变"，夺取了政权。1804年拿破仑加冕称帝，即拿破仑一世，法国进入了法兰西第一帝国时期。

1814年的莱比锡战役使拿破仑惨败给反法联盟。之后，反法联军占领巴黎，拿破仑被流放到意大利海边的厄尔巴岛。1815年，拿破仑成功逃出流放地，返回法国，受到了热烈欢迎，复辟成功。其他欧洲列强立即向法国宣战，拿破仑在滑铁卢战役中惨败。不久后，他被流放到大西洋中的圣赫勒拿岛。1821年拿破仑去世，终年52岁。

政治军事家

名人故事
列 宁

姓　名：弗拉基米尔·伊里奇·列宁 | 生卒年：1870 年—1924 年
出生地：俄罗斯辛比尔斯克

神奇的预言是神话，科学的预言却是事实。

——列宁

列宁于 1870 年出生在俄罗斯辛比尔斯克（为了纪念他，现在称为乌里扬诺夫斯克）。他的父亲是一位忠实的政府官吏，但是他的哥哥亚历山大却是一个年轻的激进分子，因参与一次谋刺沙皇行动而被处死。20 岁时列宁已经成为一位热情的马克思主义者。1895 年 12 月，列宁由于参加革命活动被沙皇政府逮捕，被关入监狱 14 个月，随后就被流放到西伯利亚。

在西伯利亚的三年中，他写出了《俄国资本主义的发展》一书。他在西伯利亚的刑期于 1900 年 2 月结束，几个月后他动身到西欧去旅行。之后他作为职业的革命家，在那里度过了 17 个春秋。当他所加入的俄罗斯社会民主工党分裂成两派时，他成为其中较大的派别——布尔什维克的领袖。

第一次世界大战给列宁提供了伟大的转机。战争对俄罗斯来说在军事上和政治上都是一场大灾难，使人们对整个沙皇制度极为不满。1917 年 3 月，沙皇政府被推翻，俄罗斯一时好像可以实行一种民主政体。列宁得悉沙皇垮台，立即返回俄罗斯。归国后，他敏锐地察觉到民主党虽然已经建立了一个临时政府，但并非大权在握；共产党员虽然人数不多，但此时却是夺取政权的良机。

因此他号召布尔什维克立即组织推翻临时政府，用一个共产主义政府来取而代之。他们在7月举行了一次起义，但未成功，列宁被迫转入地下。1917年11月又举行了第二次起义并获得成功，列宁成为新国家的缔造者。

作为领导人，列宁虽然信仰坚定，但也颇为实际。起初他竭力争取迅速实行一种不妥协的完全社会主义化的经济体制。当这种体制未取得预期效果时，列宁采取了灵活的态度，改变了自己原来的主张，实行新经济政策，这种政策在苏联持续实行了几年。

长期超负荷的工作严重损害了列宁的身体健康。1922年5月，列宁患了严重的中风，直到1924年去世，他几乎完全处于瘫痪状态。他去世后，他的遗体被做了认真的防腐保存处理，安放在莫斯科红星广场上的一座宏伟的陵墓里供人瞻仰。

列宁的重要贡献在于他用实际行动建立了第一个社会主义国家。他接受了卡尔·马克思的思想，并将其付诸现实的政治实践。自从1917年11月以来，共产主义势力在全世界范围内不断扩展。

列宁是马克思和恩格斯事业和学说的继承者，是全世界无产阶级的伟大导师和领袖。他用许多适应于新的历史情况的新原理和新理论丰富了马克思主义理论并加以发展，把马克思主义提高到一个崭新的高度，建立了世界上第一个无产阶级专政的社会主义国家。

列宁把自己的一生都奉献给了无产阶级解放事业，他为人类做出的杰出贡献将永远记录在人类史册之中。

政治军事家

名人故事
巴 顿

姓　名：乔治·史密斯·巴顿｜生卒年：1885年—1945年
出生地：美国加利福尼亚州

> 有一种东西，比才能更罕见，更优美，更珍奇，那就是自知之明。
> ——巴顿

　　1885年11月11日，巴顿出生在美国加利福尼亚州的一个军人世家。19岁进入西点军校，他擅长橄榄球、田径、剑术。巴顿从步入军界起，就把杰克逊的一句名言作为自己的基本格言："不让恐惧左右自己。"他认为这是军人能够勇猛无畏的根本因素。巴顿在西点军校的最后一年里，有几次狙击训练，他突然站起来把头伸进火线区之内，为这件事父亲责备了他，他却满不在乎地说："我只是想看看我会多么害怕，我想锻炼自己，使自己不胆怯。"

　　第一次世界大战爆发后，巴顿提出去法国参战的请求未被批准。这之后他被调往布里斯堡，在潘兴指挥下的第八骑兵团任职。1916年，他随潘兴冒险到墨西哥干涉农民革命。1919年，巴顿回国，被派往米德堡坦克训练中心。在那里，他结识了西点军校的同学艾森豪威尔，两人对如何将装甲兵发展成为一支强大的机动兵种见解一致。

　　1943年2月，艾森豪威尔将巴顿从摩洛哥调来接任第二军军长，并担当恢复美军士气的重任。在巴顿的指挥

135

第二次世界大战时的美军装甲部队

下,该军在以后的作战中战绩卓著,与英军配合歼灭德意军队25万人。巴顿被士兵称为"顶呱呱的鼓气人"。不久,他晋升中将,7月调任美国第七集团军司令,配合蒙哥马利的英国第八集团军在意大利西西里岛登陆,攻占了巴勒莫等地。

1944年1月,巴顿前往英国任美国第三集团军司令,到8月4日,巴顿指挥的部队已经向鲁昂进攻,占领了雷恩,抵达富热尔,并以秋风扫落叶之势向瓦恩挺进。他一路不停,8月底到达缨斯河。至9月间,在补给和燃料十分困难的情况下,渡过莫斯里河并攻占南锡。10月停止进攻一个月。11月8日,再度进攻,不久即攻至齐格菲防线。12月22日,他带领三个军向巴斯托尼进攻,与被困的美军伞兵师会合。接着,又经过一个月的进攻,抢先渡过莱茵河,长驱直入德境。此后,德军全面崩溃,不久,美军便与苏军会师。由于巴顿在北非、地中海和欧洲战场屡建战功,威震敌胆,此时他已经是四星上将了。他曾说:"赢得战争靠两样东西,那就是胆量与鲜血。"因而又被誉为"血胆将军"。欧洲战争结束后,他因反对肃清纳粹余孽引起轩然大波,被免去第三集团军司令的职务,到有名无实的十五集团军当司令官,在那里他开始了他的战史写作任务。1945年12月9日,在预定退休返回美国的前夕,巴顿驱车出外打猎,遇车祸身亡,享年60岁。

政治军事家

名人故事
丘吉尔

姓　　名：温斯顿·丘吉尔｜生卒年：1874年—1965年
出生地：英国伦敦｜品　质：聪明开朗、自信坚强。

我们不会消沉或失败，我们要坚持到最后。

——丘吉尔

　　丘吉尔于1874年11月30日出生在英国伦敦的一个贵族之家。童年时的丘吉尔长得结实健壮，说话有些口吃，却很活泼、自信，甚至有些固执。他酷爱历史、军事与文学。从7岁开始，他先后在阿斯科特贵族子弟预备学校、布赖顿预备学校读书。他任性而倔强，不肯用功读书，父母只好让他进入桑赫斯特军校。1895年军校毕业后，丘吉尔被分配到第四轻骑兵团，任骑兵少尉，开始了戎马生涯。
　　1911年10月，他出任地位显赫的海军大臣。两年后，他又以军需大臣身份进入内阁，下令研制坦克。1922年至1929年，丘吉尔出任鲍尔温保守党政府的财政大臣。1937年张伯伦上台后，绥靖政策成为英国外交的主导策略，丘吉尔意识到法西斯国家对和平的严重威胁，一再提醒英国政府和人民提高警惕，但他的意见并没有得到重视。1939年9月3日，英国和法国向德国宣战，丘吉尔再次出任海军大臣。1940年5月10日，英王紧急授权丘吉尔任首相，重组内阁。5月16日，他成功组织了敦刻尔克大撤退。随后几年，由于他的外交努力，美、英、苏等国结成了反法西斯联盟，有效地遏制了法西斯的嚣张气焰。1945年5月7日，德国宣布投降。两个月之后，丘吉尔下台，转而撰写《第二次世界大战回忆录》，继续积极参加国内外的政治活动，并在1951年以77岁高龄再度任首相之职。但由于身体健康状况恶化，丘吉尔于1955年4月辞去首相职务。
　　1965年1月24日，丘吉尔因病逝世，享年91岁。

名人故事
罗斯福

姓　　名：富兰克林·德兰诺·罗斯福｜生卒年：1882年—1945年
出生地：美国纽约｜品　　质：聪明刻苦。

个性的造就由婴孩时代开始，一直继续到老死。

——罗斯福

　　罗斯福于1882年1月30日出生在美国纽约州海德庄园的一个富有家庭，他小时候经常随父母游历欧洲，积累了不少生活阅历。14岁进入马萨诸塞州的格罗顿公学，18岁考入哈佛大学攻读政治、历史和新闻。1904年从哈佛大学毕业后，又进入哥伦比亚大学法学院学习法律。1910年，他以民主党候选人的身份当选为纽约州参议员，开始了政治生涯。

　　1912年，罗斯福帮助威尔逊竞选成功，他本人也因为出色的政治手段和组织才干在民主党中崭露头角，并在1913年被威尔逊总统任命为海军部助理部长，任职7年。1928年，罗斯福竞选成为纽约州州长。第二年，美国爆发了严重的经济危机。罗斯福在纽约州采取了多种措施来救济失业工人和稳定社会秩序，在民主党中的威信大增。1933年3月4日，因政绩突出，罗斯福当选为美国第三十二届总统。上任后，他就宣布实施旨在摆脱大萧条的"新政"，在100天的时间里，接连颁布了"紧急银行法""国家工业复兴法"等15项重要法案，同时采取了一系列改善社会福利的措施，使美国经济摆脱困境。1936年，他再次当选为美国总统。

　　1940年5月，不列颠战役爆发后，美国给英国送去了大量军火，成为英国实际上的盟国。1940年11月5日，罗斯福第三次当选为美国总统。1944年10月，罗斯福打破了美国建国以来的传统，第四次连任总统。但此时，他的健康每况愈下，心脏病、高血压经常发作。1945年4月12日，他在佐治亚温泉病逝，享年63岁。